EL IMPERIO DE NAPITO
© Luis Martínez Alcántara 2024
Investigación periodística:
Lic. Margarita Roque

ÍNDICE

PRÓLOGO

El presente libro retrata una realidad que se vive desde hace 24 años en el sector minero, a partir de que Napoleón Gómez Urrutia, mejor conocido como *Napillo*, heredó (sin ningún mérito, sin nunca haber sido trabajador y violando los estatutos) el Sindicato Nacional de Trabajadores Mineros, Metalúrgicos, Siderúrgicos y Similares de la República Mexicana.

El Sindicato Minero fue en su momento una de las organizaciones sindicales más fuertes y combativas. En este gremio, los auténticos mineros teníamos gran participación, voz y voto. Sin embargo, desde el año 2002, cuando Napillo se impuso como secretario general de nuestra organización en una asamblea amañada, todo cambió: un *junior* que nunca había trabajado vio en el Sindicato Minero la manera de enriquecerse y de ser, por fin, el empresario que anhelaba ser.

"EL IMPERIO DE NAPITO" aporta detalles importantes de estos y otros pasajes, transmite claramente, con base en documentos oficiales, entrevistas y artículos periodísticos, la verdadera cara de Napillo, el hombre que permitió a cambio de unos millones de pesos que 65 mineros entraran a trabajar a la mina de Pasta de Conchos sin equipo de protección y sin que las condiciones de seguridad fueran verificadas, aun cuando este sitio fue clasificado meses antes de la explosión como de alto riesgo. De ello sabemos el desenlace: el peor accidente en la industria minera de nuestro país y, sí, hay que decirlo con todas sus letras: Napoleón Gómez Urrutia carga en su espalda y conciencia (si es que tiene), la muerte de los 65 compañeros.

Este libro pone un alto a la serie de mentiras de las que se ha servido Napillo para mantenerse en la secretaría general, lugar donde ha explotado, abusado, denostado, saqueado y hasta robado mil millones de pesos a sus propios agremiados.

La visión y el relato del autor aportan una cucharada amarga de realidad, ya que muestran cómo un impostor, prófugo de la justicia, involucrado en robos, extorsiones, estafas, muertes, fraudes y enriquecimiento ilícito, ha logrado esconderse, escabullirse y vivir en plena impunidad hasta ser colocado en un escaño como senador y como diputado. De ese tamaño es la corrupción que rodea a Napillo y a su empresa familiar.

La presente investigación se convierte en una herramienta de consulta y estudio para las nuevas generaciones de mineras y mineros, ya que, como decía el poeta y filósofo español Jorge Santayana: "Quien olvida su historia está condenado a repetirla".

Carlos Pavón Campos

Secretario General Nacional Sindicato Minero FRENTE.

INTRODUCCIÓN

Hay historias reales que podrían alimentar de una serie de televisión, no solo por lo fantasiosas que resultan sino porque la actuación de sus protagonistas haría palidecer a verdaderos actores, incluso a los consagrados.

Para muestra basta con el protagonista de este libro, mezcla de Vitto Corleone por su capacidad de manipulación; del mago Houdini por su habilidad para escapar y desaparecer lo que sea (55 millones de dólares, por ejemplo), y Hannibal Lecter por sus rasgos sociópatas y su buen gusto por la comida y el arte, así como por la incontable cantidad de enemigos que arrastra.

Homónimo del emperador Napoleón, pareciera que nuestro personaje no quiere limitarse a compartir nombre con el personaje histórico, sino también aspiraciones imperialistas, sueños de grandeza, narcisismo, hambre de poder y acucia de apoyo internacional.

Este libro es un recuento de hechos para dibujar el perfil de uno de los líderes sindicales más controvertidos de la historia del sindicalismo en nuestro país, y eso, en México, no es poca cosa. Nos referimos a Napoleón Gómez Urrutia, mejor conocido como Napito.

Una serie de entrevistas con actores que han tenido trato personal con el actual líder del Sindicato Minero y una exhaustiva investigación hemerográfica son los ladrillos que han construido este trabajo que, sin ser su propósito fundamental, desdice lo que el propio Gómez Urrutia escribe en su libro "El colapso de la dignidad", tediosa apología de su persona y malograda justificación de lo que el ex senador de la República ha hecho y deshecho a lo largo de su vida.

Gómez Urrutia es el hombre de las mil caras: dandy o humilde trabajador de las minas según le convenga; líder autoexiliado que se dice perseguido político; aliado de los sindicatos gringos y canadienses y enemigo acérrimo de quien estorbe a sus intereses. Napito es también master en huelgas eternas, chantajes y manipulación.

El heredero de Gómez Sada es sin duda un hombre de números que suma a su controvertido historial no solo los 55 millones de dólares del fideicomiso que no ha entregado, sino una serie inverosímil de juicios mercantiles, civiles y penales, ya sea en su contra o interpuestos por él, así como una gran cantidad de huelgas, la mayoría con años de duración, sin dejar de mencionar la ingente cantidad de trabajadores que han perdido su empleo debido a esos paros de labores, insostenibles para cualquier empresa. Así, entre tanta cuenta, es fácil perderse o caer en la tentación de ya no sumar.

Es por ello que nos dimos a la tarea de evidenciar el proceso que ha llevado a Napito a un trono, al que no piensa a abdicar, y del cual seguramente solo lo separará la muerte… siguiendo el ejemplo de su padre y de los líderes charros a los que tanto crítica.

En el propósito de extender y mantener su reinado a costa de lo que sea, Gómez Urrutia se ha llevado a trabajadores, empresas y resoluciones judiciales entre las patas de los caballos, pero, sobre todo, ha arrasado con la confianza de sus propios agremiados que, impotentes, han visto derrumbarse sus fuentes de trabajo.

A querer o no de los líderes gremiales, el mundo sindical está cambiando. La legislación laboral permite a los sindicalizados elegir y ratificar a sus dirigentes. Confiamos en que este impulso legal aliente a los trabajadores a elegir con responsabilidad, a fin de evitar la gestación de otros imperios como el de Napito y su padre.

Capítulo 1

HABEMUS NOVUM IMPERATOREM

Como en cualquier historia imperial, en esta hubo un fundador, un primer monarca que tuvo el hambre de poder, la ambicion y el carisma suficientes para construir y consolidar un dominio absoluto sobre sus vasallos. En nuestro caso, el primer emperador se llama Napoleón, y no nos referimos al celebre gobernante francés sino al hombre nacido en Monterrey en 1914 y que si no portó el apellido Bonaparte sino el de Gómez, al igual que su hómonimo construyó su poderío de la nada, libró muchas batallas que lo fueron agigantando y, por supuesto, tuvo su propio Waterloo.

Por si había duda de que este hombre era y sigue siendo reverenciado como un emperador, baste leer la descripción que de él hacen en la página web del Sindicato Minero: *El hombre recio del norte con que el Destino y el Supremo Hacedor del Universo privilegió a los trabajadores mineros de este país, ese fue Don Napoleón Gómez Sada.*

Nuestro primer Napoleón empezó su trayectoria como minero a los 16 años, cuando ingresó a trabajar en la Compañía Metalúrgica Peñoles. A la par de su trabajo en las minas, Gómez Sada fue haciendo carrera como sindicalista y antes de ser electo secretario general del

Sindicato Minero lo fue del comité ejecutivo general por los Estados del Norte.

Napoleón I llegó a la secretaría general del Sindicato Industrial de Trabajadores Mineros, Metalúrgicos y Similares de la República Mexicana (SITMMSRM)[1] el 1 de julio de 1960. A diferencia de su antecesores y, sobre todo, de su sucesor, tomó posesión del cargo con la legitimidad otorgada no solo por la cargada, representada por las 14 secciones que lo apoyaron con 54 mil 539 votos (en esa época el sindicato minero tenia 80 mil afiliados), sino por el Estado, que a través de su partido (por supuesto el PRI) controlaba la mayoría de los sindicatos en México, entre ellos el Minero.

Por si fuera poco, Gómez Sada y el sector en general gozaron de las mieles de la mexicanización de la minería decretada en 1961, que impulsó el crecimiento de las inversiones, el aumento de empleos directos en el sector -que pasaron de 60 mil a 150 mil- y el incremento de las reservas minerales. Además, en la época dorada del corporativismo mexicano era común que los sindicatos se beneficiaran con donaciones, favores o excepciones, como el otorgamiento de créditos que hizo la entonces Secretaría de Agricultura y de material y equipo quirúrgico que realizó la Secretaría de Salud a los hospitales de algunas

---

[1] Actualmente, la organización sindical que dirigió Napoleón I tiene por nombre Sindicato Nacional de Trabajadores Mineros, Metalúrgicos y Similares de la República Mexicana. Según lo explicó el propio Gómez Sada en su V informe de labores, este cambio en la denominación se debió a que el gremio estaba constituido por obreros de diversas profesiones, oficios y especialidades.

secciones sindicales, sin dejar de mencionar la excepción que hizo el IMSS al atender en sus clínicas a los trabajadores mineros aun cuando esta atención no les correspondía, ya que las prestaciones de los contratos colectivos de este gremio eran superiores a las señaladas en la Ley Federal del Trabajo.

Más allá de este apoyo gubernamental que, por supuesto, respaldó en mucho su labor, el viejo Napoleón contaba con un auténtico liderazgo social, político y sindical. Personas que lo conocieron y tuvieron trato directo con él lo describen como un hombre sensible a las necesidades de los trabajadores, cercano a ellos y a sus inquietudes y, sobre todo, con vocación de servicio, de tal suerte que a los ojos de sus agremiados Napoleón I era un viejo sabio con quien era fácil entenderse y ser entendido.

Pero eso no era todo, el padre tenía también un enorme capital político, pues trataba a prácticamente todos los funcionarios del gobierno, a los más importantes empresarios del país y a la mayoría de los líderes sindicales. A decir de un ex trabajador de Peñoles -Entrevistado 1-, Gómez Sada tenía además buena relación con el presidente de la República en turno y con varios líderes de distintos gremios, lo que le permitió beneficios y prebendas, como los que logró cuando formó parte de la representación tripartita del Seguro Social y aseguró atención médica privilegiada para sus trabajadores, entre otras ventajas.

Conforme fue pasando el tiempo este activo político tan valioso para cualquier líder gremial se acrecentó y le dio muy buenos dividendos, tan jugosos que hasta el día de hoy sus herederos siguen disfrutando de la riqueza que dejó el patriarca y que sus vástagos han sabido explotar y multiplicar de la manera más maquiavélica posible. Aquel escritor italiano podría sentirse orgulloso, porque muchísimos años después de publicado *El Príncipe* los Gómez han ejecutado magistralmente una de sus máximas, logrando conservar el poder a costa de lo que sea, y han hecho del pequeño reino llamado Sindicato Minero un emporio que representa trabajadores no solo de la industria de la minería, sino también del ramo automotriz, farmacéutico y químico, por mencionar algunos.

Gómez Sada, nuestro Napoleón I, no era una blanca paloma, y si convenía a sus intereses no le importaba llevarse a los trabajadores entre las patas. Así lo demostró en varias ocasiones, como en el caso de Spicer, cuando mandó a sus esquiroles para romper la huelga; o bien en la quiebra de Fundidora de Hierro y Acero Monterrey, durante la cual hizo a un lado su papel de líder sindical para dar paso al de palero del Gobierno, perjudicando así a cientos de trabajadores que se quedaron sin empleo.

En general, el patriarca mantuvo una postura antidemocrática ante cualquier movimiento de disidencia dentro de su gremio, pero al menos tenía liderazgo y realmente conocía el singular mundo de la minería, porque sabía lo que era trabajar en una mina, con todos los riesgos, peligros y consecuencias que ello implica.

Como la mayoría de los líderes sindicales de él contemporáneos, Napoleón Gómez Sada era un hombre del sistema, que supo incorporarse a las instituciones y a las directrices que estas le impusieron, sin chistar y siempre en una relación de conveniencia. Es el prototipo del *líder charro*, tan común en su época.

Nacido en Monterrey en 1914, Napoleón I empezó a militar en el entonces Partido Nacional Revolucionario (PNR), antecedente del PRI, a la edad de 20 años, y permaneció fiel a esta organización política prácticamente desde su fundación hasta su debacle. Paradójicamente, a la par que el partido tricolor queda en coma, ocurre la muerte del patriarca minero. Esta lealtad, que algunos llaman alineación, fue recompensada con una senaduría y una diputación, así como con la presidencia del Congreso del Trabajo (el entonces instrumento aglutinador del sector laboral del PRI) por cuatro ocasiones.

Recordemos que la creación del Partido Nacional Revolucionario (PNR) por el régimen posrevolucionario obedeció a la necesidad de legitimar el ejercicio del poder, y de paso sirvió también para organizar bajo su dominio a las masas... Si bien agoniza este corporativismo, se niega a morir.

A través del partido oficial fue impulsada la organización de los trabajadores a fin de controlar y reprender conflictos entre los distintos grupos y de estos con el Estado, y también con el propósito de que las corporaciones actuaran como mecanismos de control sobre sus miembros.

Este corporativismo permitió a los dirigentes sindicales formar parte de la estructura interna del partido, que con el propósito de abarcar a todos los votantes se configuró como una organización de "sectores" (obrero, campesino y popular). El sector obrero se convirtió en una fracción del partido, lo que le redituó cuotas de poder: gubernaturas, presidencias municipales y curules en los congresos federal y estatales para varios líderes sindicales.

Este fue el caso de Gómez Sada y otros líderes como el mismísimo Fidel Velázquez (CTM), Alberto Juárez Blancas (CROC), Joaquín Hernández Galicia (Sindicato Petrolero) y Víctor Flores (Sindicato Ferrocarrilero), solo por mencionar algunos. Además de su eternización en el cargo de secretario general, como si de monarquías se tratara todos estos personajes compartían un enorme poder, ambición, servilismo al PRI, carisma, capacidad negociadora y ciertas actitudes paternalistas que les hacían ser o parecer cercanos a sus agremiados, quienes a cambio de los beneficios que estos dirigentes conseguían para ellos ofrecían su lealtad, voto de confianza y, en la mayoría de los casos, la más sumisa obediencia.

A diferencia de su sucesor, don Napo no nació en cuna de oro y no la tuvo tan fácil para llegar a la secretaría general del Sindicato Minero. Otro ex colaborador de Peñoles (Entrevistado 2) recuerda que el padre de Napito trabajó como jefe de almacén en la sección 64 de Met-Mex Peñoles en Monterrey, de la cual llegó a ocupar el cargo de secretario general. Entonces Napoleón I supo hacer y luego aprovechar las relaciones que le permitirían ir ascendiendo en el escalafón no solo laboral sino político. Recordemos que en esa época el gremio dirigido por Gómez Sada tenía numerosas minas, en las que el voto se ejercía por sección sindical y no por número de afiliados, lo cual fortaleció la figura y hambre política del patriarca, quien no tardó en hacer amarres políticos, empresariales y sindicales.

Según otro de nuestros entrevistados, un ex colaborador del grupo Desc -Entrevistado 3-, Don Napoleón (así se refiere a él) era un hombre sensato, de trato directo con los dueños de las empresas y un negociador duro cuando había que serlo. Recuerda haber presenciado el estallamiento de varias huelgas en empresas con las que el Napoleón I tenía muy buena relación. Así que a la hora de negociar no echaba mano de los chantajes ni se doblegaba ante los empresarios, que de alguna manera "pagaban factura" por la intervención del sindicato, a fin de prevenir un conflicto mayor. Sin ser lo ideal, al menos la relación con Germán Larrea, dueño de Grupo México, y con Alberto Baillères, propietario de Industrias Peñoles, fue cordial y hasta cierto punto constructiva para ambas partes.

Otro plus de este primer Napoleón fue su paso como trabajador de la industria metal mecánica, lo que le permitió no solamente conocer la operación en las minas sino ganarse el aprecio y el reconocimiento de la gente, que veían en su líder a uno de ellos (condición fundamental para atraer la simpatía de los agremiados). Además era un hombre de palabra, de tal manera que lo acordado con el viejo era un hecho. Ni una cosa ni la otra puede presumir su vástago, quien como no hurtó nada de estas virtudes tuvo que heredar otras cosas de su padre, como el Sindicato, por ejemplo.

Napoleón II

Antes entrar en el intricado proceso de la llegada de Napito o Polón a la secretaría general del Sindicato Minero, que haría palidecer a las más truculentas historias de sucesión monárquica, hablemos de la historia de Napoleón Gómez Urrutia (Napoleón II), villano para muchos y héroe para algunos líderes sindicales gringos o canadienses, como Stephen Hunt, dirigente del Sindicato Metalúrgico de Estados Unidos, quien lo describe como "un patriota [cuya] historia es una inspiración para los que luchan por un mundo mejor y más justo".

Nacido en Monterrey en 1944, Napoleón II, junto con sus padres y uno de sus hermanos, se mudó a Ciudad de México, donde estudió Economía en la UNAM. Según escribe en su libro "El colapso de la dignidad", antes de terminar sus estudios universitarios uno de sus profesores le ofreció trabajo en la entonces Secretaría de Patrimonio Nacional y este mismo mecenas, llamado Horacio Flores, le "sugirió" continuar su formación académica en el extranjero, concretamente en la prestigiosa Universidad de Oxford, en Inglaterra.

Ni tardo ni perezoso Gómez Urrutia se trasladó a tierras europeas no sin antes casarse con Oralia

Casso, su compañera en todas sus andanzas, incluyendo sus "guardaditos" en múltiples cuentas bancarias y la compra de lujosas propiedades. Concluido su diplomado regresó a México para trabajar como profesor en la Facultad de Economía de la UNAM. Sin embargo, según cuenta él mismo, Europa le hizo ojitos de nueva cuenta y casualmente tanto la UNAM como la SEP le ofrecieron becas para irse a estudiar el doctorado en Oxford.

A su regreso a México ocupó diversos cargos, todos ellos en el Gobierno Federal o en empresas paraestatales, gracias a diversos padrinos que lo fueron respaldando. Había llegado el tiempo de que las alianzas tejidas hábilmente por el padre cobijaran al hijo.

La versión de que las becas para estudiar en el extranjero le fueron ofrecidas por instituciones académicas púbicas 'por su linda cara' es distinta a la del Entrevistado 2, quien tuvo trato directo con ambos Napoleones y recuerda bien que gracias a las conexiones políticas del patriarca el hijo consiguió apoyo financiero para estudiar en Inglaterra, "donde cursó un posgrado y también un diplomado para ser chef, porque siempre ha sido muy sibarita".

Napoleón Gómez Urrutia nació como junior, fue uno de los cachorros de la revolución, y como tal disfrutó de las mieles del poder, el dinero y de las muchas influencias políticas del padre. Por su grado de estudios y el ambiente en el que se desenvolvía podemos imaginar que ser líder sindical era una función que Napito veía muy por debajo de sus aspiraciones. Pero dicen que todos tenemos una cita con el destino y este alcanzó a Napoleón II... o su pobre desempeño como funcionario público y el tristísimo papel que jugó cuando contendió para puestos de elección popular le despertó esa repentina vocación sindical.

Casi recién desempacado de Europa y aun en la cosecha de lo que sembró el padre, la administración del presidente José López Portillo le ofreció el puesto de director corporativo de planeación y desarrollo en Sidermex, empresa del gobierno conformada por tres de las siderurgias más grandes: Altos Hornos, S.A., Fundidora Monterrey, S.A. y Siderúrgica Lázaro Cárdenas-Las Truchas, S.A. de C.V.

No sabemos si esa fue una manera sutil del viejo Napoleón para acercarlo al mundo de la minería, pero es un hecho que ahí empezó a tomar contacto real con los mineros y el sector. Pero un puesto de medio nivel en una empresa a punto de la quiebra estaba muy lejos de sus objetivos, así que ni tardo ni perezoso aceptó el cargo de director general de Casa de Moneda que le ofreció David Muñoz, entonces secretario de Hacienda y Crédito Público.

Más de un malpensado considera que esta cercanía con el proceso de acuñación y fabricación de las monedas intensificó su gusto por el dinero y los metales preciosos, sobre todo por el que era tan fácil de obtener y que no le significaba ningún esfuerzo. Es un secreto a voces que durante su gestión hubo malos manejos y que más de una pieza ornamentaría de gran valor pasó de la Casa de Moneda a la de los Gómez Casso.

Si bien este cargo calmó por un tiempo su ansia de dinero no así la de poder, por lo que Napito puso en marcha su carrera política o al menos lo intentó, porque en esa época no logró prácticamente nada.

En tiempos del presidente Carlos Salinas de Gortari un grupo de amigos invitó a Napoleón II a dar una charla a universitarios en su natal Monterrey y como suele ocurrirle (o al menos eso nos quiere hacer creer), una cosa llevó a la otra y después de la conferencia, de la nada lo invitaron a una reunión de estudiantes y profesores, en la cual fue destapado como precandidato priista a la gubernatura de Nuevo León.

Como ni iban preparados, sus amigos no solo lanzaron a Napito a la contienda para gobernar a los regios sino que hasta lema de campaña se les ocurrió en ese momento, lo que no sería un quebradero de cabezas para este supuesto grupo de estudiantes con aspiraciones políticas, porque para pergeñar "Napoleón para Nuevo León" no hace falta un sofisticado equipo de marketing político.

Lo demás ya es historia: el entonces precandidato por el mismo partido, Sócrates Rizo, ganó la elección de 1991, apoyado según Gómez Urrutia por el propio Salinas de Gortari, quien según Napito demostró tener actitud antidemocrática. Así es, el burro hablando de orejas, pues unos años más tarde, ya como secretario general del Sindicato Minero, el heredero ha demostrado con creces que ser democrático no es precisamente lo suyo.

Según narra él mismo, se convirtió en miembro oficial del Sindicato en 1995, cuando Peñoles le ofreció un puesto de trabajo en una mina situada en un pueblo perdido en la sierra, lo cual es más difícil de creer que de comprobar. Pensar que el heredero de Napoleón Gómez Sada, educado en Oxford y tras haber ocupado cargos como el de director general de la Casa de Moneda y de la compañía minera Autlán aceptara trabajar como minero con un sueldo ínfimo (28 pesos diarios) en un pueblito duranguense solo por amor al arte, como que no convence.

Es más lógico y fácil de creer que este trabajo fue de a mentis y que el Grupo Peñoles otorgó la famosa credencial falsa para quedar bien con el padre y porque en este entonces ni la minera ni nadie vislumbraba el ocaso de Napoleón I, ni tampoco el alacrán que se estaban echando encima con este gesto de aparentemente buena voluntad.

Claro está que la versión del heredero es otra; nos quiere hacer creer que de la nada aceptó participar en un proyecto en una mina situada en Santiago Papasquiaro, Durango. Bueno, de la nada no fue, ya que según el propio Napito ese puesto le permitía mantener su residencia en Ciudad de México y de paso justificar a toro pasado su repentina vocación sindical. El heredero dice haber puesto como condición para aceptar este empleo que todos los trabajadores de nuevo ingreso debían ser afiliados al sindicato, incluyéndolo a él, claro está.

Si esto suena como sacado de la manga para callar las voces de quienes en su momento denunciaron que Napito nunca había pisado una mina, más extraño resulta aún el hecho de que solo algunos meses después y sin experiencia sindical alguna fuera nombrado delegado especial del Comité Ejecutivo Nacional en la sección 120 de La Ciénega.

Este camino por el que pasó o por el que aparentemente pasó Napito podría indicarnos que el padre lo fue preparando para que lo sucediera en el trono del Sindicato Minero, pero existen otras versiones de colaboradores cercanos a Napoleón I que afirman lo contrario. Nuestro Entrevistado 1 confirma que el hijo no tenía mayor consideración por su progenitor, ni siquiera en sus últimos años, y en más de una ocasión fue testigo de cómo Gómez Urrutia perdió la paciencia en público con su padre enfermo y de avanzada edad.

Solo por poner un ejemplo, si Gómez Sada se entretenía saludando a la gente aquel se enfadaba y sin más se iba del lugar. Claro está que las ínfulas del heredero no pasaban desapercibidas para quienes lo rodeaban, pero mucho menos para el padre, que en más de una ocasión aconsejó a su gente que se cuidaran de "este bato", o sea, de su hijo.

Por entonces el nombre de Elías Morales, hombre de confianza de Gómez Sada, sonaba fuerte para sucederlo en el cargo, pero la grave enfermedad que aquejó a su esposa y su propia condición, dada su edad, provocaron que el padre decidiera que fuera el hijo quien reinara en el Sindicato Minero. Así que primero lo nombró secretario adjunto y de paso, junto con la invención de esta figura, lo fue probando y, aunque Gómez Urrutia prometió portarse a la altura ya vimos que no fue así.

Otra vez, la versión del heredero es muy distinta. Admite que su padre se oponía a que fuera líder sindical dado su alto grado de estudios y porque, según lo advertía Gómez Sada, el mundo sindical era de traiciones, desgastante y difícil. Pareciera que cuando el padre le decía esto al hijo (si es cierto que se lo dijo), estuviera, más que advirtiéndole, aleccionándolo, porque si alguien ha traicionado y atacado a diestra y siniestra es Gómez Urrutia.

En fin, cuando Napoleón I enfermó decidió heredar en vida el cargo a su hijo, algo que nunca se había visto en la historia del sindicalismo en México, en marzo de 2000 Napito fue nombrado secretario general del Sindicato Minero. Sin embargo, la Secretaría del Trabajo le negó la toma de nota, es decir el reconocimiento, aunque el gobierno era todavía priista, así que ni toda la lealtad y sujeción al partido por parte de este gremio sirvieron para que el entonces titular de la Secretaría del Trabajo y Previsión Social, Mariano Palacios Alcocer, pasara por alto el pequeño detalle de que el secretario general debía ser nombrado por una convención especial, según el artículo 215 de los estatutos del propio gremio.

Pero nada ni nadie iba a detener al emperador Napoleón II, así que pa luego era tarde, y por ello en la 31 convención ordinaria del Sindicato Minero Gómez Urrutia fue ratificado, por no decir impuesto por segunda ocasión; claro, ahora ante Ernesto Zedillo, entonces presidente de la República, como testigo de honor. En tal evento Gómez Sada dijo que se había levantado de una cama de hospital para demostrar "que no había muerto" (*La Jornada*, 3 de mayo, 2000).

Por si había alguna duda, el padre dejó bien claro que no solo estaba vivito, sino que también coleando, ya que con este acto público hizo despliegue de poder, que al mismo tiempo fue la mejor cortina de humo para distraer la atención sobre la impugnación que Benito Ortiz, secretario del Trabajo, y Elías Morales, presidente del Consejo General de Vigilancia y Justicia de ese organismo (ambos integrantes del CEN del Sindicato Minero), habían realizado meses atrás sobre la designación de Gómez Urrutia como secretario general del Sindicato Minero, ya que tal designación violaba los estatutos y la declaración de principios del propio gremio por no ser Napito trabajador minero.

Sin embargo de poco sirvió tanta parafernalia, ya que a pesar del esfuerzo del padre por acudir todavía convaleciente a dar el espaldarazo a su hijo y del voto de la mayoría de los 97 delegados a favor de Gómez Urrutia, de nueva cuenta la Secretaría del Trabajo negó la toma de nota, porque además de que en el orden del día de la Convención no fue mencionada la asamblea electoral, tampoco se había comprobado que Napito tuviera un mínimo de cinco años de trabajo como minero, como lo señalaban los estatutos del sindicato.

Es importante destacar que en su momento tanto Elías Morales como Benito Ortiz, ambos pertenecientes al

22

Sindicato Minero, fueron despedidos por manifestar su inconformidad ante el nombramiento de Gómez Urrutia y denunciaron haber sido intimidados por integrantes del CEN del Sindicato Minero; mientras que la hija de Morales fue privada de su libertad e interrogada sobre su padre, a Ortiz lo persiguieron durante varias horas según un artículo publicado por *La Jornada*.

Si el heredero llegó a pensar que la expulsión de estos dos personajes bastaba para quitárselos del camino, estaba muy equivocado. Quienes atestiguaron la relación de Elías Morales con Gómez Sada coinciden en afirmar que eran muy cercanos, que literalmente Morales protegía a Napoleón I, dadas su estatura y corpulencia, y que en más de una ocasión le llegó a comentar que él sería su sucesor como secretario general del Sindicato Minero.

Probablemente el susto que le metieron por el asunto de su hija inhibió por un tiempo a Morales de sus aspiraciones para obtener la silla grande del gremio, pero no tanto como para alejarlo definitivamente, ya que, como veremos adelante, regresó por lo que consideraba le pertenecía por derecho.

Retomaremos el caso de Morales y de la forma tan turbulenta en llegó para quedarse -muy poco tiempo- en la secretaría general del Sindicato Minero. Pero regresemos con el heredero, quien haciendo uso de su controvertida credencial que lo acreditaba como trabajador de Peñoles, dio cumplimiento a los requisitos estatutarios para ser el nuevo secretario general sustituto del Sindicato, al menos hasta que se llevara a cabo la Convención Extraordinaria,

23

programada para el 15 de octubre de 2001, la cual efectivamente se realizó en la fecha estipulada, sin importar que apenas cuatro días antes hubiera muerto Gómez Sada. Fue así como finalmente el heredero fue coronado oficialmente como el emperador Napoleón II... sin toma de nota, porque según dijo en una entrevista al periódico *La Jornada*,[2] esta era un mero "registro estadístico". Así inició el imperio de Napoleón Gómez Urrutia.

Durante los primeros meses de su reinado todo parecía ser miel sobre hojuelas por ser hijo del gran líder minero, Napoleón Gómez Sada, aunado a sus estudios en prestigiosas universidades extranjeras, a su hablar tan emotivo y convincente, así como a las promesas de un gran futuro para todos los afiliados, generó las más grandes expectativas en la persona de Napito.

Sin embargo, mucho más temprano que tarde, el heredero sacó el cobre, y no solo en sentido literal, sino que demostró sus verdaderas intenciones, muy lejanas a la representación de los trabajadores mineros. Entonces los súbditos de Napito entendieron que fueron utilizados para que el nuevo emperador se encumbrara y, sobre todo, medrara a costillas de quienes creyeron en él.

Paradójicamente, después de la férrea lealtad de padre e hijo al PRI, Gómez Urrutia no obtendría su toma de nota hasta el arribo del gobierno panista encabezado por Vicente Fox. En 2001 el entonces

---

[2] https://www.jornada.com.mx/2001/07/15/038n1soc.html

secretario del Trabajo, Carlos María Abascal Carranza, le otorgó el reconocimiento como secretario general del Sindicato Minero, posiblemente en aras de lograr un acercamiento con la mayoría de los sindicatos que le ayudara en la aprobación de la propuesta de reforma laboral y en la consolidación de la Nueva Cultural Laboral, con la que Abascal enarboló su administración y que buscaba armonizar las relaciones entre los factores de la producción.

Bien dicen que la tercera es la vencida, así que, aprovechando la buena voluntad o el interés mostrado por la administración foxista para echársela al bolsillo, el heredero recordó haber trabajado en aquel pueblito de la sierra de Durango y ni tardo ni perezoso solicitó una carta, que rápidamente le expidió Tomás Cossío, representante de Minera Mexicana en dicho centro de trabajo, en la que confirmaba la fecha de ingreso de Napito a la compañía Peñoles para "los efectos y usos correspondientes". Poco le faltó decir que realmente la misiva solicitada era para llenar el requisito del tiempo necesario que marcaban los estatutos para postularse como secretario general sustituto del Sindicato.

De esta manera por fin Napito consiguió la toma de nota, que dicho sea de paso es un reconocimiento que sirve a los sindicatos primordialmente para que la autoridad laboral les reconozca sus emplazamientos. Claro, para el master en estallamientos y amagos de huelga, que ha hecho de eso su *modus vivendi*, este papelito, que tanto despreció a inicios de su reinado, sería fundamental en su incansable actividad huelguística.

Con todo y el otorgamiento de toma de nota el heredero siguió desconfiando de las buenas intenciones de Fox, al grado de que en una comida organizada para algunos líderes sindicales y sus esposas por el entonces presidente de la República y la muy recordada "Martita", Napito tuvo temor de ser envenenado, según lo expresa él mismo en su libro. Dirían por ahí: el león cree que todos son de su condición.

Por supuesto Napito presume de una gran cantidad de logros en esta primera etapa como secretario general del Sindicato Minero, entre los que está el diseño y puesta en marcha de programas como *Minero Seguro, Minero con Casa* y *Minero Sano*, a fin de garantizar condiciones de seguridad e higiene a los trabajadores de las minas, así como vivienda digna y seguros de vida individuales y colectivos.

De igual manera, rebosante de orgullo Napito proclama que su sindicato solo firma contratos colectivos con beneficios tangibles, lo cual según él le ha traído como consecuencia enemistades con los dueños de las empresas. Y sí, efectivamente, los trabajadores mineros pueden llegar a ganar 30 por ciento más que el salario promedio nacional, con sueldos que en la actualidad llegan a superar los 11 mil pesos mensuales, por encima de los 5 mil que reciben en promedio trabajadores del sector agropecuario, de la construcción, empleados textiles, choferes y comerciantes. Además, es sabido que en el pago de utilidades los trabajadores de este sector pueden recibir hasta 800 mil pesos.

Lo que no dice Napito es que estos salarios se deben en gran medida a los riesgos que conlleva el oficio de ser minero, que no es el único sindicato que puede presumir de obtener estos sueldos y, sobre todo, calla la forma en la que negocia con los dueños (porque él difícilmente se sienta a hacer tratos con alguien que no sea propietario de las empresas en las que tiene representación sindical).

Lo que Gómez Urrutia tampoco dice es que en pocos años estalló al menos 15 huelgas, solo contra de empresas del Grupo México. En otro capítulo abordaremos concretamente el tema de los paros y estallamientos de Napito contra los centros de trabajo en los que tiene la representación sindical y los costos que han significado, no solo para los empresarios sino para los trabajadores a quienes dice defender.

En 2004 Napoleón II llegó a la vicepresidencia del Congreso del Trabajo, pero eso no era suficiente para sus delirios de grandeza, así que como buen emperador quiso lanzarse a la conquista de nuevos territorios, para lo cual empezó a tejer nexos y alianzas con organizaciones internacionales como la Unión de Trabajadores Acereros de América (USWA), además de convertirse en miembro destacado de la Federación Internacional de Trabajadores de la Industria Metalúrgica (FITIM).

Con el tiempo y varios millones de dólares, estos vínculos con federaciones internacionales no solo se fortalecerían sino que le permitirían encontrar refugio seguro en la época que al heredero le dio por autoexiliarse en Canadá.

Pero, como dice el dicho, nadie es profeta en su tierra, y si en el extranjero podría ser visto como prócer del sindicalismo, aquí en México, o al menos en su natal Nuevo León, no lo querían como gobernador. Aunque es un capítulo de su vida poco conocido, Gómez Urrutia, al ver que el PRI lo ignoró olímpicamente en su segundo intento por la gubernatura de Nuevo León, buscó fundar su propio partido político, para lo cual conformó la agrupación Cambio Democrático Nacional (Cadena), registrada en el INE en 2005 y cuyo actual presidente, José Barajas Prado, fue secretario del Consejo General de Vigilancia y Justicia del Sindicato Minero, mientras que el secretario en turno es J. Jesús Jiménez, quien a su vez preside aún el Consejo General de Vigilancia y Justicia del gremio de Napito.

Para disimular un poco el propósito de conformar un partido para lanzarlo como candidato a la gubernatura neolonesa, el heredero dijo que esta organización fue creada para incorporar a los trabajadores mineros en el panorama política. Esta nueva aventura para obtener un puesto de elección popular pasó tan sin pena ni gloria que el heredero prefiere omitirla.

Ya bien instalado en el trono, Gómez Urrutia demostró que no sería un líder gremial de los del montón. Su fina formación académica y sus todavía más finos relojes y trajes lo diferenciaban del resto, así que él podía hablar con los empresarios de tú a tú no solo por su cargo sindical sino porque compartía con la mayoría cuna de oro y vida privilegiada.

Así que más que a colaborar se dispuso a competir con los directivos de las empresas donde tenía representación sindical, porque nadie lo iba a hacer menos: el ego de Napoleón Gómez Urrutia y el culto a su personalidad no permiten que nadie le haga la menor sombra, ni el Presidente de la República ni un encumbrado hombre de negocios como Germán Larrea, dueño del Grupo México, ni mucho menos uno de los integrantes del CEN del Sindicato Minero (solo basta recordar qué tal le fue a Elías Morales cuando intentó asumir el cargo de secretario general del Sindicato Minero; o a Carlos Pavón, su hombre de confianza, al revelarse en su contra).

En 2005 y 2006 buscó sin éxito la presidencia del Congreso del Trabajo, organismo aglutinador de las federaciones y confederaciones afines al PRI, que en sus buenas épocas lograba llenar la plancha del Zócalo con miles de trabajadores cada 1º de mayo y alimentó de votos al entonces partido en el poder, pero que actualmente parece desmoronarse, al igual que su edificio sede.

El hombre que ganó la contienda a Napito fue Víctor Flores, el controvertido líder sindical de los ferrocarrileros, quien solía repartir fajos de billetes en el CT, también cuestionado por el desvío de un fideicomiso en su gremio. Dios los cría y ellos se juntan, pero con todo y estas similitudes entre ambos dirigentes, el heredero no perdonó nunca a Flores por este triunfo, que atribuyó (para variar), al apoyo del entonces presidente Vicente Fox. Para Gómez Urrutia si no estás con él estás en su contra y pasas a engrosar la lista de acérrimos enemigos.

Sin lugar a dudas 2006 fue un año aciago para Gómez Urrutia; él, que se ufanaba tanto de sus logros, entre los que se adjudicó la negociación del famoso fideicomiso de 55 millones de dólares, tuvo que enfrentar tres derrotas, que no fueron su Waterloo pero lo obligaron a huir del país. Nos referimos a su fracaso para llegar a la presidencia del Congreso del Trabajo, la explosión en la mina Pasta de Conchos el fatídico 19 de febrero y a su destitución como secretario general del Sindicato Minero debido a las acusaciones de malos manejos de fondos que algunos miembros del gremio presentaron en su contra.

Claro, el heredero tiene otros datos y así lo manifiesta en su libro, donde asegura que no perdió la presidencia del Congreso del Trabajo sino que se la arrebató Víctor Flores apoyado por el gobierno foxista; tampoco tuvo nada que ver en el accidente donde perdieron la vida 65 mineros; ni mucho menos hizo mal uso del dinero depositado en la cuenta del sindicato.

Bautizó su autoexilio como persecución política y con generosos repartos de dinero convenció a los sindicatos gringos y canadienses para que lo acogieran como prócer del sindicalismo. Si hay duda de ello basta citar a Richard Trumka, presidente de la AFL-CIO, quien se refiere a Gómez Urrutia como a un héroe que "todos los días lucha por la vida y el bienestar de los trabajadores mexicanos y sus familias".

Napito se convirtió en líder a control remoto y durante 12 años dirigió a distancia a sus agremiados. Bajita la mano y pese a todo, él, que se ha quejado amargamente de las actitudes antidemocráticas de otros, lleva más de 20 años como secretario general del Sindicato Minero.

Capítulo 2

ANNUS HORRIBILIS

Entre 2004 y 2005 Gómez Urrutia cosechó una serie de "victorias", por llamar de alguna manera a la cantidad de dinero y alianzas internacionales que se echó al bolsillo durante estos años. Decimos cosechar y no conseguir porque así fue: Napito continuó recogiendo los frutos de lo que había sembrado su padre y en algunos casos ni siquiera él sino la suerte.

Nos referimos en primer lugar a la entrega del cinco por ciento de las acciones que Grupo México depositó en un fideicomiso en beneficio de los trabajadores sindicalizados, luego de la adjudicación de la minera Mexicana de Cananea en subasta pública a este consorcio en 1990.

Este fideicomiso fue una concesión del entonces presidente de la República Carlos Salinas de Gortari y pactada entre Jorge Larrea y Napoleón Gómez Sada (es decir, los padres de los actuales archienemigos), pero Napito presume haber convencido finalmente a Germán Larrea de la entrega de los famosos 55 millones de dólares, sin mencionar por supuesto el papel mediador que tuvo Carlos Abascal, secretario del Trabajo, para lograr la ejecución de dicho acuerdo. Las derivaciones del fideicomiso ya en manos de

Gómez Urrutia las abordaremos con mayor detalle en un próximo capítulo.

En cuanto a sus pininos para entablar y fortalecer las alianzas sindicales de las que aún echa mano, en 2005 Napito viajó a Phoenix para tener un primer encuentro en persona con Leo W. Gerard, presidente Internacional de United Steelworkers (USW), lo cual marcó el inicio de una larguísima luna de miel con algunas organizaciones sindicales americanas y canadienses, que como veremos ha producido muchos retoños.

Por si fuera poco, en estos años Napoleón fue nombrado miembro del comité ejecutivo de la Federación Internacional de Trabajadores de la Industria Metalúrgica (FITIM). Todo ello además de la negociación de numerosos contratos, el considerable aumento del número de afiliados al sindicato minero y la buena relación que hasta ese momento tenía con los líderes de las organizaciones del Congreso del Trabajo.

Sin embargo, luego de estos años de triunfos vino 2006, el *annus horribilis*. Más precisamente, todo cambió para Napito entre el 14 y el 19 de febrero.

En un intento por dar madruguete al interior del Congreso del Trabajo, el 14 de febrero Gómez Urrutia y algunos miembros de su sindicato se reunieron en un hotel de Ciudad de México con Isaías González Cuevas, líder de la Confederación Revolucionaria de Obreros y Campesinos (CROC); Cuauhtémoc Paleta, de la Confederación Revolucionaria Obrera Mexicana

33

(CROM); y Mario Suárez, de la Confederación Revolucionaria de Trabajadores (CRT), entre otros peces gordos del sindicalismo mexicano, a fin de "planear y discutir", las mejores opciones para reemplazar al entonces presidente del Congreso del Trabajo, Víctor Flores.

El edificio situado en Tlatelolco ahora parece desmoronarse igual que el propio CT, pero en la época dorada del PRI este organismo cúpula del corporativismo obrero mexicano gozó de las mieles del poder. Actualmente el inmueble es rentado por Televisa como locación para sus telenovelas, pero hubo un tiempo en que a este bunker asistían los principales actores del mundo laboral a rendir pleitesía al presidente del Congreso del Trabajo por el gran poderío que este representaba.

En sus tiempos de gloria esta central obrera supo construir una estructura con cuadros, organización, disciplina interna y presencia en todo el país así como en las ramas de la industria, lo cual era por demás atractivo a políticos y empresarios por la cantidad de votos y control que esto significaba.

Gómez Urrutia, al igual que otros líderes sindicales, aspiraba presidir el CT y lograr influenciar en las más altas esferas de poder en México. Por lo tanto otra vez cuesta trabajo creer lo que afirma Napito: que en el evento del 15 de febrero de 2006 en la sede del Congreso del Trabajo, cuando los mismos líderes que se habían reunido el día anterior eligieron al nuevo presidente del organismo, Napito cedió su lugar a Isaías González Cuevas, líder de la CROC, para que ocupara el primer cargo de esta central de centrales sindicales, cuando, supuestamente, los dirigentes ahí reunidos habían acordado que la mejor opción para suceder a Víctor Flores era el propio Napito, o al menos eso dice el ahora senador de la República, lo cual, insistimos, resulta inverosímil.

Para complicar todavía más la ecuación hay que agregar que apenas unos años antes Napito hizo públicas sus aspiraciones de ocupar la presidencia del Congreso del Trabajo para el bienio 2003-2005. En ese momento y con pocas probabilidades de ser electo, Gómez Urrutia arremetió contra "La Güera" Rodríguez Alcaine, quien además de estar al frente de la CTM encabezaba el CT.

Sabedor de que no gozaba de las simpatías del viejo líder, pidió que al menos las votaciones se realizaran con voto universal, directo y secreto de cada una de las organizaciones que formaban parte del organismo obrero cúpula. Difícil de entender que unos años después dejara escapar la oportunidad; no es de extrañar el que por un lado pidiera transparencia en las elecciones y por otro negociara la presidencia del CT al más puro estilo priista (dedazo y carro completo).

En su intento por chamaquear Napito y compañía salieron chamaqueados; mientras en el edificio sede del CT celebraban con bombo y platillo el virtual triunfo de González Cuevas, el líder sempiterno de los ferrocarrileros obtenía de la Secretaría del Trabajo su toma de nota como presidente del Congreso del Trabajo, supuestamente a cambio del apoyo de este organismo al proyecto de reforma laboral foxista, mejor conocido como la Ley Abascal. En honor a la verdad -o en este caso a los estatutos del Congreso del Trabajo- Víctor Flores no podía ser reelecto para un tercer período al frente de este central sindical y efectivamente la elección no cumplió con los requisitos establecidos.

Este aparente espaldarazo al líder de los ferrocarrileros poco le abonó al gobierno y en cambio le costó en primer lugar una queja ante la Organización Internacional del Trabajo (OIT) promovida por el líder de la CROC, Isaías González - supuestamente electo nuevo presidente del CT-, y en segundo, la fama de ser un gobierno intransigente, que se entrometía en la vida interna de los sindicatos.

Claro que Napito y sus secuaces no se quedaron de brazos cruzados y antes de emitir queja ante la OIT tomaron las instalaciones del Congreso del Trabajo durante una semana, impidiendo que empleados de distintas instituciones que trabajaban en el edificio acudieran a sus labores bajo amenaza de ser golpeados. Después de este incidente varias organizaciones sindicales decidieron abandonar las filas del CT y entre ellas por supuesto estuvieron la CROC y el Sindicato Minero.

Si alguien pudiera pensar que esta mancuerna entre Napito y las centrales sindicales involucradas en esta especie de decena trágica fortaleció los lazos entre ellos, pues habrá que decirle que no, porque el hijo de Gómez Sada no conoce más lealtad que la que se tiene a sí mismo y se sirve de quien sea para alcanzar sus fines.

Regresando con este año, por no decir mes o más bien semana *horribilis*, mientras intentaba ocupar la vicepresidencia del CT por la buenas o por las malas Napito recibió una llamada de uno de sus hombres de confianza para advertirle que no regresara a las instalaciones de su sindicato en la colonia Narvarte de Ciudad de México, porque estas habían sido tomadas a la fuerza en un el golpe de estado en casa.

Elías Morales Hernández, años atrás expulsado del Sindicato Minero, ni tardo ni perezoso aprovechó la distracción de Gómez Urrutia para demandar la toma de nota ante la STPS como nuevo secretario general del gremio. Morales, nacido también en Monterrey, fue por mucho tiempo el brazo derecho de Gómez Sada y por ello su nombre sonaba fuerte para suceder a Napoleón I, como lo vimos en el primer capítulo. Sin embargo, según sus allegados, prácticamente en su lecho de muerte el jerarca decidió heredar el sindicato a su vástago. Así que, viendo sus anhelos frustrados, el hombre se atrevió a desafiar a Napito, no una sino dos veces, y en esta segunda llegó mucho más lejos.

En su calidad de presidente del consejo general de vigilancia y justicia del Sindicato Minero, el 17 de febrero acudió a la Dirección General de Registro de Asociaciones de la Secretaría del Trabajo y Previsión Social a solicitar la destitución de los cargos y la suspensión de los derechos sindicales del mismísimo Napoleón Gómez Urrutia. En los documentos que presentaron Morales y compañía, en teoría se acreditaban presuntos malos manejos de Napito y el resto del CEN del sindicato en el uso y destino de los

37

famosos 55 millones de dólares entregados por Grupo México al Sindicato Nacional de Trabajadores Mineros, Metalúrgicos y Similares de la República Mexicana.

En este contexto aparece la supuesta firma falsa, que por cierto no habría sucedido si no es porque el propio Gómez Sada (padre de Napito) hizo un cambio de última hora en los estatutos, de manera que pareciera que en caso de su propia incapacidad para seguir al frente del sindicato la elección de su sucesor se resolviera de la manera más democrática posible.

Según nos refiere nuestro Entrevistado 1, consciente de lo avanzado de su enfermedad, pero sobre todo de su edad, el patriarca lanzó la iniciativa de reforma estatutaria, por medio de la cual autorizaba a que con solo tres firmas de sendos miembros del comité ejecutivo se destituyera del cargo al secretario general del Sindicato en caso de que este quedara incapacitado para ejercer sus funciones, y que se convocara de manera inmediata a una asamblea extraordinaria electoral. Si tal iniciativa daba la impresión de ser un destello de democracia, en la práctica dejaba en manos de tres personas el poder de destituir al secretario general.

Lo que seguramente nunca pensó Gómez Sada es que a quien le aplicarían esta cláusula estatutaria sería a su propio hijo, y que el ejecutor de esta jugada sería Elías Morales, quien fuera su brazo derecho durante tantos años. Elías Morales, Juan Luis Zúñiga Velásquez y Juan Pablo Patino Rocha, presidente, primer y segundo vocal del consejo general de vigilancia y justicia respectivamente, firmaron el documento en el que solicitaron la destitución de Gómez Urrutia.

Según Luis Emilio Giménez Cacho, periodista de la revista *Nexos* en su artículo publicado el 1 de octubre de 2006, el entonces director del Registro de Asociaciones de la Secretaría del Trabajo, José Cervantes, hizo historia batiendo marcas de diligencia pues en unas horas recibió el aviso formal, "tomó nota" del hecho y reemplazó a los entonces dirigentes.[3]

En su libro, Gómez Urrutia califica como un verdadero atraco lo que hicieron Morales y su gente en la sede del Sindicato Minero, cuando según él tomaron "por asalto" las oficinas y depusieron al comité "napista"; según él, golpearon al personal y robaron documentos. Paradójicamente, al mismo tiempo Napito estaba haciendo lo mismo en el edificio del Congreso del Trabajo: tomando unas instalaciones que no le pertenecían y obligando a los trabajadores a retirarse a sus casas bajo amenaza de golpes.

La única diferencia es que, independientemente del procedimiento, Elías Morales tenía en su poder la famosa toma de nota que lo avalaba como secretario general del Sindicato Minero, así que podía hacer uso de las oficinas del gremio; en cambio, ni Gómez Urrutia ni Isaías González habían sido ratificados como dirigentes del CT y, por lo tanto, sí estaban tomando ilegalmente las instalaciones.

---

[3] Giménez Cacho Luis Emilio. Cinco huelgas mineras.1 de octubre de 2006. https://www.nexos.com.mx/?p=12038. (Julio de 2023).

Aunque se salió con la suya, poco le duró el gusto al líder provisional del Sindicato Minero, pues Zúñiga, uno de los tres firmantes de la solicitud ante la STPS, denunció que habían falsificado su firma y presentó una denuncia ante la entonces PGR con el folio PGR/DDF/SPE-XX/539372006. Por su parte, en entrevista para esta investigación, un alto ex funcionario de la STPS involucrado directamente en este proceso aseguró que sometieron las firmas a peritaje y que los expertos grafólogos confirmaron que eran auténticas. Pero un año después, ya en el gobierno calderonista, la PGR determinó que efectivamente la rúbrica de Zúñiga había sido falsificada.

Tras revisar el expediente PGR/DDF/SPE/5393/06-012, los peritos Verónica M. Lira Carrillo y Jorge Armando Vilchis asentaron en un oficio ministerial que las firmas de los cinco documentos que presentó Elías Morales, que desconocían a Napoleón Gómez Urrutia como dirigente del SNTMMSRM, no fueron legítimas. Para colmo, fueron robados de la PGR algunos documentos, entre los que estaba la toma de nota de Morales y actas originales que supuestamente comprobaban la falsificación de las firmas. Algunos funcionarios fueron cesados de su cargo por este incidente que en apariencia favorecía a Morales, pero la investigación siguió su curso.

Según los simpatizantes de Gómez Urrutia, con el dictamen favorable a su líder y una vez que este fuera ratificado como el dirigente del Sindicato Minero en la convención del 17 de abril de 2007, se esperaba el regreso del líder, lo cual no ocurrió sino hasta 11 años después

Al final de este circo, tras un año de haber ocupado la secretaría general del Sindicato y después de que las autoridades confirmaron que la firma de Zúñiga había sido falsificada, la STPS, encabezada por Javier Lozano Alarcón, regresó la toma de nota a Napito, pero él ya estaba autoexiliado en Canadá.

La versión de Napito consignada en su libro dice que "Antes de admitir su derrota, las fuerzas aliadas en contra nuestra no mostraron el menor signo de rendición. Por el contrario, después de mi reinstalación como secretario general los conspiradores redoblaron sus ataques…". Así, en términos castrenses, como si se tratara de una guerra, Napito deja claro que no solo quería ver derrotado a su enemigo, sino rendido y sometido.

Para muestra de que el emperador Napoleón II siguió con sus deseos de venganza, para 2008 solamente en paros ilegales había costado 2 mil 400 millones de dólares a la industria minera del país según señaló en una entrevista para *cnnexpansion.com* Sergio Almazán, director de la Cámara Minera de México. Por su parte y como si tuviera el don de la profecía, en un artículo publicado en el periódico *Reforma* el 30 de mayo de 2008 Sergio Sarmiento dijo que la guerra no había terminado y que ante el rechazo de la Secretaría del Trabajo para reconocer a Napito como secretario general del Sindicato Minero, parecían avecinarse nuevos pleitos que saldrían muy caros tanto a la industria como a los mineros del país… lo cual sucedió aun cuando Gómez Urrutia había recibido la famosa toma de nota.

Sin omitir las irregularidades que llevaron a Elías Morales a lograr su anhelada secretaría general del Sindicato Minero (hubo muchas) los estatutos del gremio indican en su artículo 41 que:

> Para ser electo o designado funcionario del Sindicato se requiere que los trabajadores cuenten con antecedentes de honestidad perfectamente reconocida y capacidad amplía para el desempeño exacto y eficaz de sus funciones. La falta de alguno de estos requisitos en cualquier tiempo originaría la revocación del mandato que se hubiere conferido. Dicha revocación será dictada por una Convención o previa investigación en su caso.

De las capacidades de Napo para dirigir el sindicato poco podemos opinar, pero de la honestidad o mejor dicho de la falta de esta los hechos hablan por sí solos, pues quien se queda a la mala con el fideicomiso de sus agremiados será todo menos honesto. Después de este toma y daca de tomas de nota, Juan Luis Zúñiga continuó formando parte del comité ejecutivo nacional del gremio encabezado de nueva cuenta por Napito, a quien le fue leal -o servil- por tres años más. En 2010 se dio el rompimiento y vinieron amenazas e improperios de Gómez Urrutia, mientras que Zúñiga decidió hablar de todo el cochinero del que había sido cómplice.

Así salió a la opinión pública, entre otras aventurillas compartidas: la organización de cierre de minas, el bloqueo de carreteras, las extorsiones y chantajes con los que se obligaba a las empresas a apoyar la causa de Napito ('solo' pedían 20 millones de dólares por compañía), así como el envío de dinero que varios miembros del Sindicato hacían personal y periódicamente a Gómez Urrutia hasta Canadá, a donde según narró Zúñiga al periódico *Reforma*, cada uno de los viajeros llevaba hasta 9 mil 900 dólares, convirtiéndose literalmente en las mulas del emperador.

En esta semana trágica para Napito todavía faltaba lo peor. Sin recuperarse de que había pasado de secretario general del Sindicato Minero a sospechoso de un fraude millonario, el 19 de febrero de este *annus horribilis* recibió una llamada para informarle de la explosión en Pasta de Conchos, que detonó el derrumbe en la mina situada en San Juan de Sabina, Coahuila, y la muerte de 65 mineros, además del autoexilio del emperador Napoleón II.

Dicen que el que nada debe, nada teme. En este caso, Napito debe y teme mucho, aunque en su libro diga lo contrario, eche culpas a diestra y siniestra y dedique capítulos enteros a justificar su actuación o, mejor dicho, su omisión no solo en la prevención del terrible accidente sino también su ausencia en el lugar de la tragedia.

Para terminar pronto, antes que dirigirse a Pasta de Conchos para acompañar a las víctimas y coordinar con las autoridades y la empresa las labores de rescate, para Napito fue mucho más importante quedarse en casa para dar seguimiento al tema de su destitución como secretario general del Sindicato Minero y acusar de despojo a Elías Morales por haber tomado las instalaciones a la mala.

Según el informe: "El carbón rojo de Coahuila: Aquí acaba el silencio", en el momento de la explosión en Pasta de Conchos laboraban 487 trabajadores en la mina, de los cuales 45 eran empleados de confianza; había 282 sindicalizados y 160 subcontratados. De los mineros que quedaron atrapados debido a la explosión, cuatro eran de confianza; 25, sindicalizados y 36 trabajadores de la empresa contratista.

Según datos de esta investigación, cada semana el sindicato recibía dinero de sus agremiados, cuotas sindicales o fondos de resistencia, con lo que los trabajadores sindicalizados llegaban a pagar cada uno hasta 72.90 pesos semanales; es decir, un día de trabajo.

Ocurrida la tragedia, Gómez Urrutia acusó a German Larrea, dueño de Grupo México, de homicidio industrial, y a la fecha sigue aprovechando cualquier ocasión para recordar que este fatídico accidente se debió a la falta de seguridad en la mina, donde, con un descaro absoluto, afirma que no solo laboraban sindicalizados sino también personal de empresas contratistas, a los que se obligaba a trabajar en condiciones de explotación, con grandes

44

concentraciones de gas y hasta a realizar tareas de soldadura dentro de la mina.

¿Por qué hablamos de descaro de Napito cuando pone el dedo en la llaga de las nulas condiciones de seguridad en Pasta de Conchos? Según el informe referido, cada año el Sindicato emplazaba a huelga a Grupo México por la falta de seguridad en la mina, pero solo se quedaba ahí, en conato de paro, por no decir amenaza, porque nunca estallaron. A cambio de la seguridad -en este caso, de la vida- de los trabajadores, el sindicato de Napoleón Gómez Urrutia pedía convenios.

Así, quien acusa a Grupo México de homicidio industrial y a la Secretaría del Trabajo de despiadada negligencia, tenía la práctica de emplazar a huelga y luego desistirse no porque la empresa atendiera la exigencia de mejorar las condiciones de seguridad de la mina, sino porque le llegaban al precio a Napito y compañía. Tal como puede leerse, en el informe: "Con ese motivo emplazamos cuatro veces a huelga para que corrigiesen dichas condiciones de inseguridad, pero nunca ni las autoridades ni Grupo México actuaron para reparar las fallas denunciadas"[4]. En pocas palabras, el sindicato minero reconoce que no pararon las labores aun cuando las condiciones de seguridad para trabajar no eran las adecuadas, y por ende el peligro era más que latente.

---

[4] Revista PROCESO, Pasta de Conchos, el convenio que provocó
http://www.proceso.com.mx/434605/pasta-conchos-convenio-provoco-
65-muerte

Que el sindicato de Gómez Urrutia vendió los emplazamientos a huelga a cambio de la integridad física de los trabajadores no lo dice solo el informe mencionado, sino también colaboradores cercanos a Gómez como Carlos Pavón, quien era el secretario de asuntos políticos del sindicato. En un artículo publicado en el portal *24 horas*, el ahora enemigo de Napito le pide explicar las razones por las que no se opuso y, por el contrario, aceptó que los mineros entraran a trabajar a una mina de carbón que no estaba en condiciones de seguir operando.[5]

Por si fuera poco, quien unos años después se vendió como uno de los principales promotores de la regulación del *outsourcing* para obligar así a las empresas a contratar directamente a su personal con salarios y prestaciones dignas, solo un mes antes de la tragedia había renovado con Industrial Minera México (IMMSA), de Grupo México, un convenio por 12 meses que no era otra cosa que un contrato de protección patronal para que la contratista pudiera laborar dentro de la mina. En su décima cláusula este contrato especifica que:

> Las partes convienen en que la Empresa –se refiere a IMMSA, de Grupo México- entregará mensualmente el (cuatro por ciento) del salario de $300.00 (trescientos pesos 00/100 M.N) diarios del promedio diario del mes del número

[5] https://www.24-horas.mx/2022/08/08/pasta-de-conchos-y-la-responsabilidad-de-napito/

de trabajadores empleados por la contratista y el resultado de estas cantidades se entregarán al Sindicato en los siguientes términos: el 40% (cuarenta por ciento) a la tesorería local de la Sección 13 y el restante 60% (sesenta por ciento) lo enviará a la Tesorería General del Comité Ejecutivo Nacional, en su domicilio de Dr. José Ma. Vértiz No. 668, México, Distrito Federal, o en el domicilio que en el futuro llegara a tener".[6]

Sin duda el episodio de Pasta de Conchos ha sido uno de los más dolorosos de la historia laboral de nuestro país. Es un hecho que tanto las autoridades como la empresa y el sindicato tienen parte de responsabilidad en esta tragedia. Sin embargo este último, en voz de su secretario general -léase Napito- lleva 17 años culpando de homicidio tanto al Grupo México como a la Secretaria del Trabajo o al menos a los funcionarios a cargo, sin reconocer su responsabilidad en este fatídico accidente que costó la vida a 65 personas.

Por si fuera poco y haciendo leña del árbol caído, todavía a la fecha recrimina a la empresa por no intentar de nuevo el rescate de los cuerpos en Pasta de Conchos. Este es el modo de operar de Napoleón II: tirar la piedra y esconder la mano. En este caso negoció la vida de los mineros a cambio de millones de

---

[6] https://mx.boell.org/sites/default/files/el_carbon_rojo_web.pdf

pesos y luego trató de sepultar, más que a los cuerpos de los mineros, su propia culpa.

Cuando un barco se hunde el último en abandonarlo es el capitán, y las primeras en hacerlo son las ratas. Apenas 12 días después de la explosión en Pasta de Conchos, Napoleón Gómez Urrutia, acompañado de su familia, abandonó la mina colapsada, a las víctimas y a sus deudos, y en una Suburban negra dejó atrás México. Según él tomó la decisión de huir del país por haber recibido amenazas de muerte debido a sus acusaciones de homicidio industrial contra Grupo México. Además, asegura ser objeto de una campaña mediática en su contra orquestada por Elías Morales, Germán Larrea y el gobierno de Vicente Fox.

Ante tal supuesto acoso decidió hacerle caso a sus asesores y a Leo W. Gerard, presidente de los United Steelworkers (USW) que le recomendaron salir del país rumbo a Estados Unidos en primera instancia. Este apoyo de los USW y de otras organizaciones sindicales americanas y canadienses no sería gratis, pero sí muy eficaz, ya que le permitió evadir la justica mexicana por 12 años, seguir dirigiendo a distancia el Sindicato Minero y todavía hacerse pasar por perseguido político.

Aunque no se canse de decir que las acusaciones de malversación de fondos por el presunto robo del fideicomiso de los trabajadores fue una cortina de humo para desviar la atención de lo ocurrido en Pasta de Conchos, más bien a Napito esta tragedia le vino como anillo al dedo y aprovechando el caos huyó del país.

Dado que en esa época el presidente de Estados Unidos era George W. Bush, Napito y sus compinches decidieron optar por Canadá como destino final por el temor de que la amistad entre Fox y Bush pudiera complicarle su feliz estancia en tierras estadounidenses.

Es así como llegó a Vancouver tan ilustre personaje, que en algún momento aseguró a la prensa que solo estaba de visita pero pronto adquirió la nacionalidad canadiense. Esta hospitalidad fue muy bien recompensada por Gómez Urrutia, quien no dudó en comprar propiedades e invertir en varios negocios en Canadá, por no mencionar la serie de acciones que el ex Senador ejerció en contra de las empresas mineras mexicanas; acciones encaminadas, al parecer, a darle jaque mate a la minería mexicana para que no tengamos otro remedio que importar los minerales que se producen en Canadá.

Capítulo 3

MODUS OPERANDI

Napito huyó del país cargado de rencores, deseos de venganza y enemistades... y el famoso fideicomiso de 55 millones de dólares (F/9445/2); es decir, el patrimonio y los anhelos de miles de mineros, porque esa cantidad correspondía al cinco por ciento del total de la venta de Cananea y fue pactada con el propósito de indemnizar a los trabajadores afectados por el proceso de privatización de la empresa.

La concesión a los mineros fue "sugerida" por el entonces presidente Carlos Salinas de Gortari como condición de la venta de la minera a Grupo México, pero había transcurrido más de una década y los mineros seguían sin recibir un centavo de lo que supuestamente les correspondía. Según nuestro Entrevistado 1, por algo Gómez Sada, padre de Napito, prefirió no monetizar las acciones, porque sabía que eso sería un auténtico caballo de Troya para el gremio.

Lo que seguramente no supuso el patriarca es que sería su propio hijo quien se escondería dentro de este artilugio de mentiras que construyó para obtener el fideicomiso y así, fingiendo que por fin haría justicia para los mineros, Gómez Urrutia hirió de muerte a su propio sindicato, aunque en su libro intenta disimular la urgencia de que estos 55 millones de dólares fueran entregados no a los trabajadores sino al Sindicato la realidad es otra.

Según Napito, en el verano de 2003 Germán Larrea le llamó para invitarlo a un almuerzo en el hotel Four Seasons de Ciudad de México para hablar de diversos temas, los que por cierto omite y en cambio dedica un par de páginas para evidenciar el poco conocimiento sobre vinos que tiene o tenía el empresario. En palabras de Gómez Urrieta, Larrea pidió al mesero meter unos segundos al microondas un vino carísimo, todo por no estar a la temperatura que el dueño del Grupo México quería.

Claro, además de ufanarse de la fanfarronería demostrada -según él- por el empresario, Napito se jacta de haber aprovechado esta reunión para recordarle 'casualmente' a Larrea la deuda que tenía la empresa con los trabajadores: 55 millones de dólares que habían sido pactados en 1990 a manera gratificación para los trabajadores por la venta de Cananea.

Es difícil comprobar la veracidad de dicho encuentro y lo ahí pactado, pero lo cierto es que, ante la negativa del empresario de monetizar las acciones otorgadas a los trabajadores, Napito recurrió antes, durante y después de la entrega del dinero a las demandas judiciales y por supuesto a sus famosos paros ilegales.

Lo que Gómez Urrutia no dice en su libro es que él ya estaba tras los huesitos del dinero desde 2000, cuando no era todavía secretario general del Sindicato Minero, y así está documentado en una investigación realizada en conjunto por el INAI y el Instituto de Investigaciones Jurídicas de la UNAM titulada "Sindicatos. Alcance de las facultades de la autoridad laboral al realizar la toma de nota sobre la elección o cambio de sus directivas".

Según este reporte, el 24 de agosto de 2000 Napito, como secretario suplente del gremio, demandó en materia mercantil a Grupo México a fin de que este hiciera entrega a sus trabajadores del 5% de las acciones que habían convenido. Larrea aplicó la de "debo no niego, pago no quiero", porque vaya que dinero tenía, y mucho, pero no contaba con la astucia o, mejor dicho, la rapiña de Napito, a quien apenas conocía. Así que, si el dueño del Grupo México pensó que podía darle atole con el dedo al flamante secretario general del Sindicato Minero, pronto vería lo equivocado que estaba.

Fiel a su *modus operandi*, Gómez Urrutia dio rienda suelta a los emplazamientos, amenazas y paros ilegales durante casi cinco años, hasta que "por la buena", en octubre de 2004, Larrea dio su brazo a torcer y anunció un acuerdo con el Sindicato Minero en el que se hacía entrega, en dinero, del valor actualizado de las acciones y Napito se comprometió a levantar de inmediato los paros.

Así, como por arte de magia y por supuesto sin que la empresa atendiera las supuestas demandas por las que los trabajadores habían parado labores, todos felices y contentos regresaron a trabajar. Y si el dueño del Grupo México creyó que con la entrega de este dinero la pesadilla de los chantajes, amenazas y emplazamientos iba a terminar, lo ocurrido entre 2000 y 2004 era apenas una probadita de lo que le esperaba.

Presionado de tal manera y gracias a la intervención de Carlos Abascal, entonces secretario del Trabajo y Previsión Social, Grupo México entregó al Sindicato los 55 millones de dólares, con los cuales se creó el Fideicomiso Minero. En el acuerdo original firmado por Larrea y Gómez Urrutia había quedado estipulado que tanto empresa como sindicato formarían parte del Consejo Técnico encargado de administrar el fideicomiso, pero en poco tiempo el dinero quedó a cargo solo de los representantes sindicales o, mejor dicho, exclusivamente de uno de ellos.

En una de sus jugadas maestras Napito se convirtió en dueño y señor del fideicomiso minero, del que pudo disponer a su antojo. Y lo hizo. Meses después de la firma de la entrega del dinero el hijo de Gómez Sada disolvió el fideicomiso y a disponer de los recursos ajenos se ha dicho.

En un artículo publicado en *Nexos* en agosto de 2006, Luis Giménez Cacho describe atinadamente ese agridulce episodio:

> Dejaba (el convenio) en manos del titular del Sindicato el control total sobre el fideicomiso, la definición de los trabajadores que tendrían derecho a recibir sus beneficios y la facultad de determinar los costos y gastos legales de 15 años de querellas que habrían de cargarse al

mismo fondo. Cuatro meses más tarde Gómez Urrutia resolvía con sus plenos poderes cancelar el fideicomiso y traspasar los fondos al sindicato".[7]

Y vaya que este momento será recordado como uno de los más agridulces para el Sindicato Minero; agrio para todos los trabajadores en cuyo nombre Napito exigió el dinero y que terminarían por no ver un solo peso, o dólar, pues todo quedó en manos del oportunista a quien en justicia no le correspondía nada, porque no era ex trabajador de Cananea y ni siquiera fue el negociador de esta indemnización. Bien dicen que el que parte y reparte se queda con la mayor parte.

En sus libros "Abuso del poder en México" y "Los demonios del sindicalismo mexicano", el escritor Martín Moreno hace un recuento de la ruta que siguió el fideicomiso y cómo Napito logró fraccionar, triangular y mover esa enorme suma y llevarla a buen puerto, al menos para él y su familia.

Según refiere el autor su fuente fue un miembro del Sindicato Minero, a quien por razones de seguridad no nombra, pero dada información tan confidencial y detallada que tal personaje brinda nos queda clara la cercanía que llegó a tener con Napito.

En resumen, Gómez Urrutia, en una maniobra que parece extraída de películas como "La gran estafa" y

---

[7] *Nexos*, agosto de 2006, Luis Giménez Cacho.

otras por el estilo, logró traspasar todo el dinero a cuentas personales sin que nadie se lo impidiera. Según la fuente de Moreno esta jugada maestra, en la que habrían estado involucradas al menos 17 instituciones financieras, fue concretada gracias al apoyo de ingenieros financieros, abogados, funcionarios públicos, personal de Scotiabank, allegados, familia y compinches de Napito fuera y dentro del país.

En esta descripción de la ruta del dinero aparecen nombres y apellidos de personas clave en la operación, empezando por Eva Estela Sabanero, empleada de la sucursal Etiopía de Bancomer en Ciudad de México, quien si bien ya estaba acostumbrada a los cuantiosos ingresos que hacía el Sindicato Minero seguro habrá quedado sorprendida con la llamada que recibió de Héctor Félix Estrella, tesorero del gremio, para comunicarle que en breve le haría un depósito de una importante suma de dinero, aclarándole incluso que se trataba de un fideicomiso.

No resulta ocioso especificar que Félix Estrella llamó a la funcionaria bancaria a mediados de 2004, es decir, *antes* de que se firmara el convenio entre Grupo México y el Sindicato Minero, mediante el cual quedaría acordada la monetización de las acciones y la creación del fideicomiso, claro indicio de que Gómez Urrutia lo tenía todo fríamente calculado y de que se le podrá tachar de muchas cosas menos de ser poco previsor.

El dinero tardó un poco más de lo calculado por Napito en entrar a las cuentas del Sindicato Minero, pero finalmente, los primeros días de marzo de 2005, llegó y Félix Estrella se volvió a comunicar con la funcionaria de Bancomer para solicitarle la apertura de una nueva cuenta, en la que pronto le serían depositados, desde una cuenta de Scotiabank, nada menos que 55 millones de dólares, y es así como inicia la ruta del dinero, puntualmente descrita en los libros referidos.

Como Eva, en esta operación estuvieron involucradas decenas de personas e instituciones bancarias más, nacionales y extranjeras, cuyos nombres y tipo de participación detalla el autor. Depositando por aquí y por allá, Napito logró transferir los 55 millones de dólares a sus cuentas personales.

Aunque Gómez Urrutia siga proclamando a los cuatro vientos que tuvo que exiliarse en Canadá porque era perseguido político, lo hizo para no enfrentar las demandas de un grupo de trabajadores beneficiarios del fideicomiso ante la Junta Federal de Conciliación y Arbitraje y que derivaron en cargos penales por la acusación de fraude.

Claro que una vez que dispuso de los 55 millones de dólares a su antojo, a Gómez Urrutia le urgía regresar a México para seguir liderando el Sindicato Minero, y para ello tenía que ser rectificado en su cargo durante la Convención que se llevaría a cabo el mayo de 2008.

Ingenua o mañosamente Napito pensó que luego de un año en el autoexilio bastaba hacer una auditoría a modo sobre el uso que dio al dinero del fideicomiso, para limpiar su nombre y regresar a México tan campante, queriendo aplicar la de "nada debo, nada temo" pero le salió el tiro por la culata.

En agosto de 2007 la Federación Internacional de Trabajadores del Metal (FITIM), aliada incondicional de Gómez Urrutia, solicitó a la firma suiza Horwath Berney Audit S.A., una auditoria a fin de comprobar el uso apropiado del dinero depositado por Grupo México al Sindicato Minero, y con ello exigirle al gobierno de México el descongelamiento inmediato de las cuentas, tanto del gremio como del propio Napoleón. Los resultados de la auditoría fueron los siguientes:

1. Monto recibido: 55 millones de dólares.
2. Fondos bloqueados por el Gobierno: 20 millones, 492 mil 900.
3. Fondos pagados a trabajadores: 21 millones 832 mil 81.
4. Reinversiones en el sindicato: Un millón.
5. Fondos utilizados o reinvertidos en el sindicato: 11 millones 666 mil 876.
6. Sin explicación de destino: 8 mil 113.

(a esta suma le faltan 30 dólares)

La auditoría evidenció que:

a. No se proporcionaron documentos que prueben que algunas cuentas bancarias fueron bloqueadas. Recibimos documentos de notificación pública sobre el congelamiento de los fondos, que corresponde aproximadamente al monto reportado, pero no hay disponible correspondencia oficial que se haya entregado al Sindicato por parte de las autoridades.

b. Los fondos pagados a trabajadores sindicalizados fueron registrados en cheques y estados de cuenta bancarios y no se encontraron discrepancias. Sin embargo, no se entregaron documentos en materia de la decisión de la directiva sobre los montos que se tendrán que pagar individualmente.

c. No hay evidencia que sustente el millón de dólares que se reinvirtió en el sindicato como parte de los gastos en que se incurrió para lograr el pago de los fondos. A través de discusiones que tuvimos en Ciudad de México, se infiere que dicho monto fue una estimación realizada por el Comité (se refiere al encargado de administrar el fideicomiso) como una suma del promedio invertida durante el proceso.

d. De los 11 millones 666 mil 876, un monto de 3 millones 983 mil corresponde al pago de abogados por la representación legal del proceso. Un millón 760 mil se gastaron en remodelaciones de los edificios del Sindicato; 2.9 y 2.1 millones fueron invertidos en dos terrenos ubicados en Monterrey y, finalmente, 924 mil fueron utilizados principalmente para difusión en los medios de comunicación para contrarrestar las acusaciones contra el Sindicato.

En resumen, la auditoria, con palabras bonitas, concluye que el "ambiente amigable", por no decir la opacidad en la que se maneja el Sindicato Minero, no siempre documenta el proceso para la toma de decisiones. Esto para intentar una explicación acerca de la falta de información proporcionada por el gremio a los auditores.

Por lo anterior, la firma auditora informó que les resultó imposible probar la cantidad gastada o las razones por las que se invirtió dinero en rubros como la compra de lotes en Monterrey, lo cual, según concluyen los auditores, no está en línea con los procedimientos de control internacional.

Finalmente, Horwath Berney dejó claro que si bien los estatutos del Sindicato establecen claramente que el Comité tiene toda la libertad para las operaciones del gremio y sobre los recursos que se utilizan, tales procedimientos debieron ser documentados y los administradores haber sido transparentes en cuanto a sus acciones y decisiones, lo que no ocurrió.

Resulta que la auditoría de la que tanto se ufana Napito ni siquiera había salido del horno cuando el entonces secretario general de la FITIM, Marcello Malentacchi, en conferencia de prensa, afirmó que este reporte no solo probaba que las acusaciones contra Napoleón eran infundadas y fraudulentas, sino que puso de manifiesto hasta dónde eran capaces de llegar Grupo México y el gobierno mexicano para conseguir el control del SNTMMSRM.

La auditoría solo comprobó que las cuentas no eran claras y que no había documentación para probar nada y Malenfacchi exigió al entonces presidente de México, Felipe Calderón, la liberación inmediata de todas las cuentas bloqueadas no solo del Sindicato Minero, sino también de Gómez Urrutia y, además, que retirara cada una de las acusaciones aún pendientes contra Napito… y otras exigencias, como si en lugar de una federación sindical se tratase de una corte internacional.

Por supuesto que el gobierno mexicano hizo caso omiso de estas vociferaciones de los aliados internacionales de Napito, y nada de esta parafernalia montada logró detener las acusaciones por fraude contra el líder minero, quien bien asesorado por sus costosísimos abogados no solo permaneció en Vancouver sino que adquirió la nacionalidad canadiense, por si a las autoridades mexicanas en lugar de retirar los cargos en contra de su distinguido cliente (como pretendían sus secuaces canadienses), se les ocurriera extraditarlo.

En ese entonces Gómez Urrutia no logró su cometido de regresar a México, pero si consiguió ser reelecto (vía remota) como secretario general del Sindicato Minero en la convención realizada en mayo de 2008.

Seguramente en ese momento pensó que la pesadilla de que la Secretaría del Trabajo le negara otra vez la toma de nota había quedado en el pasado y que bastaba demostrar músculo para ser reelecto y dirigir desde su lujosa residencia de Vancouver al gremio minero. Sin embargo, poco le duró el gusto.

Un mes después de la mencionada convención, el entonces titular de la STPS, Javier Lozano Alarcón, anunció que la dependencia a su cargo le había negado el reconocimiento como secretario general del gremio minero entre otras razones porque Gómez era un prófugo de la justicia, había incurrido en malos manejos de los recursos del sindicato y no estuvo presente el día de la elección. De nueva cuenta sin toma de nota, solo que esta vez de manera virtual, Gómez Urrutia continuó al frente del Sindicato Minero, mientras hacía millonarios negocios en Canadá e intentaba por todos los medios regresar a México.

En un artículo publicado en *El Norte* el 30 de mayo de 2008, Sergio Sarmiento escribió que, si bien la toma de nota le hace a Gómez Urrutia lo que el viento a Juárez, sin tal reconocimiento ninguna acción que Napo o el sindicato realizaran tendría validez jurídica. "De hecho, el sindicato no podrá emplazar a huelga ni firmar contratos con empresas mientras no tenga un secretario general con toma de nota de la autoridad. No podrá tampoco promover amparos".[8]

De las huelgas ya hablaremos más adelante. En cuanto a paros ilegales llevaba hasta junio de 2008 más de 200, según reportes de la Cámara Minera; por cuanto a los amparos ya ni se diga. Con toma de nota o sin ella Napito siguió haciendo de las suyas.

Fue hasta 2012 cuando obtuvo de nuevo el reconocimiento como secretario general del Sindicato Minero por parte de la STPS, luego de que la Suprema Corte de Justicia determinara que la dependencia encabezada por Javier Lozano no tenía facultad para pronunciarse sobre la elegibilidad de los dirigentes sindicales.

Pero no todo era miel sobre hojuelas para Napito, porque vivir en una de las zonas más lujosas de Vancouver cuesta mucho, así que con todo y el dineral que había traspasado a sus cuentas y que cada semana le llevaban sus fieles colaboradores desde México, nada más no le rendía el gasto al pobre hombre. Por ello, en 2010 mandó a Sergio Beltrán Reyes, secretario del Interior, Exterior y Actas y a Javier Zúñiga García, secretario del Trabajo del Sindicato Minero, a organizarle una coperacha.

Así, descaradamente, los enviados del emperador Napoleón II solicitaron tributo a sus súbditos, alegando que con las cuotas ordinarias ya no alcanzaba para el gasto del líder y su familia ni para el pago de los

[8] Sarmiento Sergio. (2008, 30 de mayo). La nota de Napito. https://www.elnorte.com/aplicacioneslibre/preacceso/articulo/default.a spx?_rval=1&urlredirect=https://www.elnorte.com/editoriales/nacional /431/860138/default.shtm?referer=-- 7d616165662f3a3a6262623b727a7a7279703b767a783a.

abogados. Sirviéndose con la cuchara grande, el pleno del CEN del Sindicato Minero pidió a todos los afiliados que se mocharan con 200 pesos mensuales adicionales a la cuota que ya pagaban, además de 600 pesos de su aguinaldo y mil de su reparto de utilidades para sufragar los gastos legales y de manutención del gran tlatoani sindical.

Efectivamente, todo parece indicar que gran parte del dinero del extinto fideicomiso ha ido a parar a los bolsillos del equipo legal que defiende a Napito. Siempre previsor, el ahora ex senador de la República ha sabido protegerse legalmente con un poderoso grupo de abogados, encabezado por Néstor de Buen y Marco del Toro, quienes han sabido defender a capa y espada a su representado, y la mejor prueba es la oportuna presentación de amparos a cada laudo emitido en contra del líder de los Mineros, ganando así tiempo, que es lo que menos le queda a 'Napito', pues cumplió ya 79 años.

Luego de 17 años de litigios, contrademandas, apelaciones, órdenes de aprehensión y sobre todo cuatro laudos que obligan a Napoleón Gómez Urrutia a pagar los 55 millones de dólares, el tema a debatir no es ya la ruta ni el destino del dinero, pues lo realmente inverosímil es que el hombre siga tan campante sin enfrentar los cargos por los que se le acusa.

Laudo tras laudo la historia se repite. En teoría al líder minero no le queda otra que pagar o ir a la cárcel, pero cero y van cinco y sigue libre como el viento, haciendo y deshaciendo a su antojo.

Esa es la interrogante por resolver: cómo ha logrado evadir la justicia mexicana durante tantos años, de manera tan cínica, que incluso en una entrevista realizada por Azucena Uresti para *Milenio Televisión*, Napito afirmó que eso de los 55 millones de dólares ya era un caso cerrado, algo del pasado y que a él le gustaba ver hacia adelante.

Todo parece indicar que la mente maquiavélica del líder minero lo planeó todo desde un inicio y aplicó la de "quien hace la ley hace la trampa". Efectivamente, desde que obligó a Larrea a monetizar las acciones a través del fidecomiso, Napito sabía muy bien lo que hacía.

Según nuestro Entrevistado 1, de entrada, Gómez entendió bien que después de 15 años iba a ser prácticamente imposible determinar y sobre todo probar quiénes de los ex trabajadores de Cananea eran beneficiarios de este fideicomiso. Precisamente este es el argumento de mayor peso que ha utilizado Napito para no pagar. Según la defensa del líder de los mineros, los demandantes no tendrían ningún derecho a exigir pago alguno ya que, una vez declarada la quiebra de la minera el 16 de agosto de 1989 fue finiquitada también la relación con los trabajadores.

Tal como se lee, en el último laudo, fechado el 19 de mayo de 2023, al igual que en los cuatro anteriores, se obliga al Sindicato Nacional de Trabajadores Mineros, Metalúrgicos, Siderúrgicos y Similares de la República Mexicana a pagar los 55 millones de dólares a los quejosos, pero la parte demandada niega que la participación del 5% del capital accionario haya sido a favor de los trabajadores de la fallida Cananea, precisamente porque los quejosos habían dejado de prestar sus servicios a la minera desde antes de que fuere aprobada la propuesta (se refiere a la del otorgamiento del porcentaje referido a los trabajadores), la cual fue formulada por los nuevos dueños el 20 de agosto de 1990 y aprobada cuatro días después.

Por supuesto que los trabajadores habían dejado de pertenecer a la empresa, simple y sencillamente porque esta fue declarada en quiebra, es decir, dejó de existir como tal, y si bien los demandantes comprobaron haber pertenecido a la empresa desde tiempo antes de su privatización, la defensa del sindicato minero alega que esto no era suficiente dado que además de demostrar que trabajaban para la minera tenían que pertenecer al gremio y así demostrarlo, lo cual acotaba en mucho el número de derechohabientes del fideicomiso.

Dada la situación, determinar el padrón de beneficiaros incluso para quien hubiera tenido la voluntad de pagar era muy complicado, pero a Napito, quien no tenía el mínimo deseo de repartir el fideicomiso, alegó que tal acción no era difícil sino imposible; sin una lista fiable de trabajadores que legítimamente tuvieran derecho a este pago, el líder sindical pagó a quien quiso y solo para tapar el ojo al macho.

Según los demandantes, efectivamente algunos ex trabajadores recibieron un pago, solo que no por la cantidad que les correspondía, además de que la entrega de los cheques fue condicionada a la tradicional mochada por parte de quienes llegaron a recibir algo del dinero del extinto fideicomiso, así como a la obligación de la firma de un documento que libraba al Sindicato de cualquier deuda.

Aun cuando la autoridad solicitó al Sindicato mostrar los recibos de los pagos supuestamente realizados, los abogados alegan no poder mostrarlos por asuntos de "confidencialidad y protección de datos". La falta de pruebas de a quién se le pagó y que monto recibió está asentada también en la auditoria hecha por la firma suiza, a la que hicimos mención anteriormente.

Si lo del padrón indefinido se prestaba a confusión y malos manejos, el hecho de que el dinero del fideicomiso fuera depositado en la cuenta del Sindicato cuyo representante era Gómez Urrutia fue la cereza en el pastel para él, y la gota que derramó el vaso para los beneficiarios.

Por tratarse, como es el caso, de derechos colectivos, se juzga conveniente que la representación sea la que defina el destino y la administración de los bienes, y no establece ninguna obligatoriedad específica de llenar todas las lagunas legales.[9] Si el reparto del dinero pudo ser nominativo, es decir, con base en un listado de derechohabientes que hubiera permitido personificar al destinatario, de origen el reparto de

---

[9] Se dice que existe una laguna en la ley, cuando no existe una disposición legal expresamente aplicable, cuando se trata de resolver un litigio jurídico con arreglo a un determinado derecho positivo. Cuando se dice que en la ley existen lagunas, es decir que estamos frente a una situación no prevista por el legislador, pero que puede ser resuelta conforme a los principios generales del Derecho.

estas acciones se pactó con el Sindicato y no de forma individual.

Si hubiera duda de que estos argumentos, de suyo absurdos, son los que ha enarbolado Napito para no pagar la deuda a los ex trabajadores de Cananea, basta leer los siguientes incisos, a los cuáles antecede la solicitud de amparo y protección de la justicia federal, tal como está asentado en la parte de antecedentes, del último laudo, emitido en mayo de 2023:

a) Era decisión del Sindicato establecer los parámetros y lineamientos para determinar los requisitos de elegibilidad, además de que no tenía la obligación de distribuir la totalidad de los recursos.

b) Los actores no proporcionaron los requisitos de elegibilidad para sustentar su reclamación extralegal, mucho menos acreditaron haber cumplido con los mismos.

c) La autoridad pretende inmiscuirse ilegalmente en decisiones que solamente le competen al Sindicato, ya que pretende definir quiénes son las personas que supuestamente tienen derecho al reparto total del dinero del fideicomiso, cuando tal decisión únicamente le corresponde al Sindicato.

d) Que la autoridad pretende llevar a la insolvencia al Sindicato al determinar que tiene la obligación de repartir la totalidad de los recursos provenientes del fideicomiso, cuando tal decisión es única y exclusivamente del Sindicato.

e) Que la autoridad pretende anular en forma tácita el convenio de modificación del fideicomiso de fecha 26 de noviembre de 2004, al desconocer el derecho que tiene el Sindicato de establecer los lineamientos y parámetros de elegibilidad para determinar quiénes se verían beneficiados y sobre qué parte del dinero.

Como respuesta a estos alegados de la defensa del Sindicato Minero, se concluye que la entrega de los beneficios no podía quedar sujeta a los términos y condiciones que unilateralmente determinara el Sindicato demandado, ya que el motivo de la cancelación y extinción total del fideicomiso fue la de asumir el patrimonio afectado para distribuirlo entre todos los trabajadores de las empresas mineras que conformaron la finiquitada Cananea, para quienes finalmente se establecieron los beneficios, atendiendo a su carácter de agremiados al Sindicato fideicomitente.

A pesar de que con esta resolución la autoridad le tira a Gómez Urrutia el teatrito de que en tanto representante del Sindicato Minero podía disponer del fideicomiso a su antojo, todo parece indicar que este último laudo, firmado por los magistrados Francisco Peñaloza Heras como magistrado presidente y por Felipe Eduardo Aguilar Rosete como magistrado ponente, correrá la misma suerte que las resoluciones anteriores.

Han pasado meses desde que la sentencia fue emitida y Napito sigue como si nada, lo cual no es nada extraño. A lo largo de 17 años Gómez Urrutia ha aplazado el pago del fideicomiso a los trabajadores por medio de amparos, y todo parece indicar que seguirá por este camino que le ha funcionado a la perfección, sobre todo cuando fue senador de la República y que gozó del fuero constitucional, sin contar que tenía ya 79 años, y aunque en otros temas no sea así, en este en particular el tiempo corre a su favor.

Son muchos los artilugios que Napito ha empleado para distraer la atención sobre la deuda que tiene con los ex trabajadores de Cananea, y de paso hacerse de más dinero aún a costa de los mineros y la minería que tanto dice defender.

Dentro de esta madeja de dimes y diretes, son incuantificables los daños que este hombre ha provocado a la industria minera y a sus trabajadores. Los números no mienten: miles de empleos desaparecidos, empresas que han tenido que cerrar sus puertas, pérdidas millonarias para la industria minera y pueblos empobrecidos dramáticamente.

Como muestra basten tres botones. En 2007, dada la mencionada urgencia que Gómez tenía por regresar a México para ser reelecto como secretario general del Sindicato Minero, estalló de manera simultánea tres huelgas, creyendo que así todo mundo se olvidaría de los 55 millones de dólares y se enfocaría en lo mal patrón que era Larrea y lo pésimo que trataba a sus trabajadores.

Las minas en Cananea, Taxco y Sombrerete pertenecientes a Grupo México dejaron de operar el 30 de julio de 2007 por supuestos incumplimientos del contrato colectivo de trabajo, específicamente por la falta de seguridad e higiene en los tres lugares.

Sin embargo, luego de una minuciosa inspección por parte de las autoridades. la única evidencia encontrada fue la del saqueo y los destrozos cometidos por los huelguistas.

Por su parte, la empresa dio vista a la secretaría de Economía, la cual, con fundamento en la Ley Minera, decretó la inviabilidad para continuar operando estas minas "por causas de fuerza mayor no imputable al patrón" luego de dos años de conflicto.

No hay empresa que soporte tanto tiempo de inactividad ni trabajadores que puedan sobrevivir esos lapsos sin cobrar su sueldo. Con la ley en la mano, luego de que las autoridades declararon inexistente la huelga, Cananea fue finiquitada y terminó la relación laboral con los mineros. Así la icónica minera, que sobrevivió a la histórica huelga estallada en 1906, sucumbió ante los embates de Napito.

La empresa ahora se llama Buena Vista del Cobre, y aunque ha recontratado a la mayoría de sus trabajadores el daño está hecho, sobre todo por la pérdida del contrato colectivo, que entre otras prestaciones contemplaba asistencia médica incluso en Estados Unidos. Napito dejó un pueblo endeudado, familias desintegradas, cientos de jóvenes con estudios truncos y el amargo recuerdo de los violentos enfrentamientos entre los que antes eran compañeros y amigos.

En la mina de San Martín, en Sombrerete, sucedió algo parecido. Tras 11 años de huelga, en 2018 fue reabierta por decisión de los trabajadores, quienes renunciaron a la representación del Sindicato Minero encabezado por Napito, pero "el señor de las huelgas" no quita el dedo del renglón y en una intentona por demostrar su influencia ante los sindicatos gringos, impulsó una solicitud de investigación del gobierno estadounidense bajo el mecanismo laboral de respuesta rápida del T-MEC por la presunta violación a los derechos a la libertad sindical y la negociación colectiva de los trabajadores de la mina, ubicada en Zacatecas.

Así se maneja Gómez: traiciona y miente. Aunque fue López Obrador quien lo trajo de regreso a México con todo y fuero, evitándole enfrentar los cargos que se le imputan, a Napito no le importó "quemar" al gobierno de AMLO ante las autoridades laborales del vecino país del norte.

Otra jugada en la que le salió el tiro por la culata. Con esta maniobra, no solo evidenció su mala relación con Luisa María Alcalde, la entonces secretaria del Trabajo y por consiguiente con la 4T, sino que dio pie para que Grupo México le echara en cara que lo único que pretendía al impulsar tal acusación era desviar la atención para ignorar el laudo que lo condena a pagar 55 millones de dólares y demostrar que podía conservar el fuero que lo protege de las acciones legales derivadas de las deudas que tiene pendientes con la justicia en México.

A pesar de las inversiones de más de 105 millones de dólares que Grupo México ha realizado luego del levantamiento de la huelga en San Martín, de nueva cuenta Napito logró dañar de muerte a los trabajadores que tanto dice defender. La historia se repitió: familias rotas, migración obligada a Estados Unidos ante la falta de trabajo, cientos de negocios quebrados y un largo etcétera.

Entre la huelga y que no existe suficiente mineral para explotar, Grupo México ya no quiso entrarle a la mina de Taxco, porque se trataba de invertir en exploración esto por el agotamiento de la plata. Los únicos que no se agotan son los paleros de Napito, que se alquilan por unos cuantos pesos para estar sentados con su banderita de huelga enfrente de lo que antes era la mina.

De acuerdo con la información proporcionada por el INAI, desde que Napito fue nombrado secretario general del Sindicato Minero se han registrado 60 conflictos laborales en el sector. Hay más, pero con ellos podemos darnos una idea de las dimensiones, con el agravante de que las violaciones al contrato colectivo de trabajo denunciadas no han sido subsanadas.

Efectivamente, en el listado no se incluyen los cientos de paros ilegales que organiza tiro por viaje Gómez Urrutia y que serían muchos más de no ser porque en muchas ocasiones a las empresas no les ha quedado más remedio que ceder a los chantajes, ya que de otra manera hubieran tenido que detener operaciones.

Así lo refieren varios de los entrevistados, testigos de la forma de negociar de Gómez, quien no se anda por las ramas cuando de exigir dinero se trata. Incluso tiene sus tarifas: detener una huelga, tanto, pero si el empresario necesita que los trabajadores sean más productivos le costará un poco más: Si te gusta, bien; si no, paro la planta en este momento y a ver cómo le haces. No importa si se paga en efectivo o en especie, pues lo mismo recibe *cash* que bienes muebles; a uno de los entrevistados Gómez le exigió un departamento en Nueva York de solo tres millones de dólares.

Pero que Larrea no sienta que todo es contra él, porque no ha sido el único que ha padecido la piedra en el zapato que supone Gómez Urrutia para cualquier empresario, que les pregunte a los dueños de Fertinal, Teksid Hierro, Arcelor Mittal y El Boleo, solo por mencionar algunas de las víctimas.

Otro que atestiguó el modo de operar de Napito fue Juan Luis Zúñiga, ex vocal del consejo de vigilancia del comité ejecutivo nacional del Sindicato Minero, cercano colaborador que después de romper con su líder proclamaría a los cuatro vientos que los dirigentes del gremio llegaban a extorsionar a las empresas con 20 millones de dólares o el sindicato amenazaba con el cierre de las minas, los bloqueos de carreteras y los enfrentamiento campales.

Cuando el emperador Napoleón II regresó a México, no fue extraditado por la Interpol, como se pretendió en 2014, pues de la noche a la mañana el líder minero se convirtió en ciudadano canadiense. Fue el entonces flamante presidente de la República Andrés Manuel López Obrador, quien en 2018 solicitaría al hijo pródigo regresar a casa con todo y los millones que había desfalcado. Además del buen corazón de AMLO para acoger a las ovejas descarriadas, detrás del apoyo a Napito hay razones no de peso sino de pesos, que ya abordaremos en el otro capítulo.

Capítulo 4

PLUS ULTRA

Desde su juventud, Napoleón Gómez Urrutia ha procurado extender sus fronteras. Como buen emperador no gusta de ningún límite físico, económico ni mucho menos moral. Se trata de llegar lo más lejos que pueda, sin importar a quién se lleve entre las patas ni con quién tenga que pactar.

Hijo de uno de los fundadores del PRI, poco le importó cambiarse de partido si eso significaba regresar a México con salvoconducto. Aunque el Sindicato Minero es una de las organizaciones fundadoras del Congreso del Trabajo, sin remordimiento protagonizó la histórica ruptura al interior de esta central sindical en 2006 con todo y toma de instalaciones.

Con tal de no ser extraditado se nacionalizó canadiense, se alió con sindicatos de Estados Unidos y Canadá y fundó más de una organización internacional de trabajadores.

Se dice apóstol de la democracia sindical y promovió una contrarreforma que establece de nuevo la obligatoriedad del pago de las cuotas sindicales, misma que en la reforma laboral de 2019 había quedado como opcional, justamente porque con ello se abona una mayor democratización en los sindicatos.

Al mismo tiempo que se lanza contra el *outsourcing* y las empresas que lo practican, es uno de los principales beneficiarios de la subcontratación laboral, tal como quedó al descubierto en el fatídico accidente de Pasta de Conchos.

Defensor de TMEC en su capítulo laboral -léase de la intromisión de Estados Unidos en asuntos internos de los sindicatos en México- cuando le conviene y, cuando no, es el más radical antiyanqui.

Napito presuntamente pasó de ser enemigo acérrimo de los medios de comunicación en 2006, su *annus horribilis*, a uno de los más generosos contribuyentes del periódico *La Jornada*.

Otro tema en el que se ha extralimitado es en la reforma que hizo a los estatutos del Sindicato Minero. Como punto de partida creó la figura de "presidente del sindicato" y, naturalmente, él fue nombrado como tal. De ahí, lo demás es lo de menos.

Según el artículo 23 de los estatutos de los mineros, quien ocupe la presidencia del gremio tiene facultades de veto sobre toda decisión de cualquier otro órgano de gobierno del Sindicato, sea el Comité Ejecutivo Nacional (CEN) o el Consejo General de Vigilancia y Justicia (CGVJ). Es decir, Napito es el todopoderoso del Sindicato Minero y el único que podría autodestituirse.

Con este afán expansionista que no conoce límites ni lealtades, el emperador Napoleón II fue tejiendo meticulosamente sus amarres con organizaciones sindicales internacionales. Hizo sus pininos en las alianzas extranjeras en 2003, cuando el Sindicato Minero se unió a la Federación Internacional de Trabajadores de la Industria Metalúrgica (FITIM). Dos años después fue elegido miembro del Comité Ejecutivo Global de esta organización.

Más tarde se reunió por primera vez con Leo W. Gerard, presidente de United Steelworkers (USW), a quien describe como "un hombre alto y de gran presencia". Probablemente la descripción no tendría la menor importancia, de no ser por los calificativos despectivos que utiliza para describir a sus archienemigos: regordete, bravucón, vulgar, corrupto y un largo etcétera. Así que a Gerard lo vio con muy buenos ojos; bueno, a él y a varios líderes sindicales extranjeros con quienes entabló una relación tan sólida que hasta la fecha sigue explotando.

En dicha reunión, realizada en Phoenix, el presidente de la USW y Gómez Urrutia coincidieron en la 'imperiosa necesidad de conformar una alianza internacional estratégica ante los embates de las compañías multinacionales y los gobiernos conservadores que terminaría por dar al traste con los sindicatos en un plazo máximo de una década'. Situación que no ha ocurrido aún, y eso que ya transcurrieron 19 años de aquel encuentro.

Luego de esta prueba de amor vino el compromiso y la firma de un convenio para formalizar la Alianza Estratégica de Solidaridad entre los United Steelworkers y el Sindicato Minero.

"Este acuerdo establecía que, para enfrentar los retos de la globalización y las políticas de las corporaciones trasnacionales, los sindicatos debían diseñar y desarrollar estrategias integradoras, así como encontrar nuevos mecanismos de defensa colectivos que se situarán por encimas de los límites de las fronteras nacionales".[10]

---

[10] Ibidem p.

Al verse acorralado luego del accidente en Pasta de Conchos y, sobre todo, por las denuncias de malos manejos del fideicomiso minero, Gómez Urrutia movilizó a sus aliados extranjeros, intentando ejercer presión internacional sobre las autoridades mexicanas a fin de que se retractaran de la persecución que, según el líder minero, ejercían contra su persona.

A principios de 2006, unos días antes de la huida de Napito hacia tierras canadienses, como uno de los últimos recursos para permanecer en el país sin enfrentar la justicia, claro está, los líderes de la USW enviaron una carta al presidente Vicente Fox, donde le dejaban claro el llamado que hacían a las organizaciones de trabajadores para que tomaran las "medidas necesarias", a fin de que los gobiernos de sus países presionaran a las autoridades mexicanas a "rectificar sus acciones ilegales" contra el Sindicato Minero y su líder.

Al ver que el agua le llegaba a los aparejos y que ni la aplanadora de los Steeworkers detendría los procesos legales en su contra, Napoleón y familia salieron rumbo a Estados Unidos el 3 de marzo de 2006. Durante su peregrinar por Estados Unidos y hasta su llegada a Vancouver los Gómez Casso estuvieron custodiados por miembros de los USW.

Napito hace mención de que los gastos legales, administrativos y personales durante esto que él llama "persecución política" corrieron por cuenta del Sindicato Minero, dando a entender que de los 55 millones de dólares no había tocado ni un pelín. Literalmente, así se las gasta el emperador Napoleón

II, viviendo a lo grande de los tributos que cobra a sus súbditos.

Esto de las contribuciones exigidas a sus agremiados ya se le hizo costumbre al líder de los mineros; si antes para mantener su lujosísima vida en Canadá ahora solo Dios sabe para qué, pero Napo tan campante, sigue estirando la mano. Según Carlos Pavón, quien fuera mano derecha de Gómez Urrutia y hoy uno de sus más asiduos críticos, recientemente Gómez se reunió con un grupo de mineros para pedirles un día de salario por semana para apoyar huelgas que ya fueron declaradas inexistentes. Según las cuentas de Pavón, de esta forma el ahora senador se embolsaría la nada despreciable cantidad de 12 millones de pesos. Pero no es todo. Además solicitó a sus agremiados tres meses de salario para el fondo de resistencia de huelga, lo que equivale a 40 mil pesos por trabajador, con lo que Napito se agenciaría 300 millones de pesos.[11]

Cerramos el paréntesis de los modos de Gómez para agenciarse del dinero de los mineros para continuar con sus métodos para hacerse de recursos y aliados más allá de la frontera. Al darse cuenta de que su estancia en Canadá no sería corta, se dio a la tarea de buscar que por lo menos su residencia fuera lo más cómoda posible, literalmente. Según información del diario *Reforma*, Gómez adquirió una casa con un valor

---

[11] https://www.24-horas.mx/2023/10/30/otro-embate-de-napito-a-los-mineros/

cercano a los dos millones de dólares ubicada en Waters Edge Crescent, en West Vancouver, cerca de Park Royal, uno de los barrios más exclusivos de la isla.

Pero la comodidad que el líder minero buscó en tierras canadienses no fue solo económica. También apostó por seguir operando desde allá, y para lograrlo lo primero que hizo fue disfrazarse de comunista trasnochado y construir un discurso que justificara sus alianzas, quereres y sociedades con uniones sindicales gringas y canadienses, aunque también coqueteó con inglesas y españolas.

En la narrativa de Napito se empezó a escuchar sobre la solidaridad y la cooperación entre países y pueblos enteros para lograr un beneficio colectivo. En este conveniente llamado a la solidaridad internacional reconoció el apoyo "incondicional" que le brindaron las y los trabajadores, cuando, según sus palabras, "los expresidentes neoliberales, en contubernio con algunos empresarios mexicanos, emprendieron una persecución política en su contra".

De entre estos aliados internacionales la United Steelworkers (USW) ocupa un primerísimo puesto, por varias y poderosas razones. De entrada, este sindicato de trabajadores del acero es la unión industrial más grande de Norteamérica. Con sede en Pisstburgh, esta central representa a trabajadores en la industria minera y extractiva en cargos administrativos y operativos.

La USW tiene también alianzas fuera de América. En julio del 2008 los representantes de esta central sindical firmaron un acuerdo para fusionarse con el sindicato United, con sedes en el Reino Unido e Irlanda, para formar una nueva entidad sindical mundial llamada Workers Uniting.

Jugando a redentor del proletariado, Gómez Urrutia ha ido justificando su asociación con organismos sindicales internacionales. Según el líder minero, si en la actualidad el sector de la minería y de la metalurgia está conformado por grandes corporaciones multinacionales que actúan como bloque para proteger sus intereses y explotar a los trabajadores más allá de sus fronteras, entonces los trabajadores deben encabezar una estrategia global para la defensa de sus intereses comunes y hacer frente a lo que él llama "ataques unificados de las corporaciones y gobiernos".

Este llamado de auxilio encontró eco no solo con la USW. También la Federación Internacional de Trabajadores de las Industrias Metalúrgicas (FITIM) mostró su respaldo a Napoleón II en distintas ocasiones. Recordaremos aquella auditoría a modo promovida por esta central, que si bien al final, más que ayudar a Napito solo respaldó la teoría de la nula transparencia con la que dispuso del fideicomiso de los mineros, no dejó de ser una muestra de apoyo.

La FITIM se fusionó con otras dos federaciones sindicales internacionales: la de Sindicatos de la Química, Energía, Minas e Industrias Diversas (ICEM) y de Trabajadores del Textil, Vestuario y Cuero (ITGLWF) para formar la IndustriALL Global Union en

2012. Auspiciada por Napito, esta central internacional con presencia en 140 países ha respaldado al sindicato minero y a su líder en momentos clave, como cuando tomó posesión como senador de la República en 2018.

En un comunicado de esa organización sindical con motivo del regreso por la puerta grande de Napito al país, quedó de manifiesto que es miembro titular del Comité Ejecutivo de IndustriALL desde su fundación y que, por lo tanto, los afiliados de esta central en todo el mundo se habían unido para respaldar al líder minero.

Acostumbrado a no dar paso sin huarache, aquel 28 de agosto, fecha en la que tomó posesión como senador, Napito llevó porra internacional, haciéndose acompañar por Valter Sanches, secretario general de IndustriALL; Leo W. Gerard, presidente Internacional de United Steelworkers (USW) de EE.UU. y Canadá; y Len McCluskey de Unite the Union, federación sindical británica e irlandesa.

Durante su intervención, Sanches dijo que era motivo de gran orgullo tener un compañero elegido como parte del nuevo gobierno que prometía asumir la causa de los trabajadores: "Para todos nuestros compañeros y compañeras que han luchado a lo largo de los años, y para aquellos que han demostrado solidaridad internacional en todo el mundo, hoy es un día para celebrar porque la solidaridad ha triunfado nuevamente".[12]

---

[12] https://www.industriall-union.org/es/dirigente-sindical-de-mexico-napoleon-gomez-urrutia-investido-como-senador

Aunque grita a los cuatro vientos que ante la injerencia de los gringos en el tema laboral vía el TMEC es urgente defender la soberanía nacional, no deja de abrir la puerta a organizaciones sindicales canadienses y estadounidenses.

De igual manera y con mucho orgullo recuerda el apoyo que su sindicato dio a la huelga convocada por los trabajadores de la industria siderúrgica en Arizona y Texas en contra de la American Smelting and Refining Company (ASARCO), en aquel entonces compañía subsidiaria del Grupo México. Así mataba dos pájaros de un tiro: quedaba bien con sus aliados gringos y volvía a la cargada contra Larrea con sus habituales protestas, marchas, plantones y "negociaciones".

Según un artículo de Raymundo Riva Palacio publicado en *El Financiero*, "Soberanía selectiva",[13] en febrero de 2023 fue inaugurado el primer centro laboral en México dentro de la Universidad Autónoma de Querétaro, con el respaldo del Labor Center de la Universidad de California y del Solidarity Center, la cual depende de la AFL-CIO, famosa entre otras cosas por ser la mayor central obrera de Estados Unidos y Canadá y una especie de organismo de inteligencia para apoyar causas del gobierno americano en política exterior, como el financiamiento a grupos opositores a Nicolás Maduro en Venezuela y a la organización "Mexicanos contra la corrupción", declaradamente antilopezobradorista.

---

[13] https://www.elfinanciero.com.mx/opinion/raymundo-riva-palacio/2023/02/07/soberania-selectiva/

Claro que Napito se pasa eso de las lealtades por el arco del triunfo, por lo que a pesar de que AMLO le dio el salvoconducto para regresar a México sin tener que enfrentar la justicia, el junior le ha aplicado en varias ocasiones la de "Si te vi, no me acuerdo".

Si hubiera duda de las simpatías entre la AFL-CIO y Gómez, basten estos dos botones de muestra:

1) La distinción que en 2011 esa central obrera hizo a Gómez Urrutia al otorgarle el premio Meany-Kirkland por los esfuerzos realizados por el líder de los mineros contra la represión y el apoyo a la democracia y la igualdad social en México. Este premio, por cierto, lo recibió Oralia Casso, esposa de Napito, porque su marido, por si las moscas, prefirió quedarse en Canadá. Leo Gerard, secretario general de USW, dijo que este reconocimiento era un acto de justicia "al liderazgo heroico" del hermano Gómez Urrutia (así se refirió a él), por su lucha en pro de las familias mexicanas.[14] A todas luces resulta evidente que esta campaña orquestada desde el extranjero tenía como objetivo limpiar la imagen de Napito en México, haciéndose pasar por perseguido político del intolerante gobierno mexicano.

2) En agosto de 2019, fecha en la que falleció Richard Trumka, entonces presidente de la AFL-

[14] http://www.sindicatominero.org.mx/pdf/Premio_07_dic_2011.pdf

CIO, Gómez Urrutia dedicó un meloso yególatra mensaje. Publicado en su diario de cabecera, Napito se refirió a Trumka como "un gran luchador social y político de destacada inteligencia, valor y perspicacia para defender los derechos de los trabajadores, la democracia, la libertad y la justicia en el más amplio sentido de la palabra". Esta es la parte melosa del comunicado de Napito; el ladoególatra ocupa la mayor parte del artículo por él firmado, cuando, sencillito como es, recuerda las palabras que el líder norteamericano le dedicó en la presentación de su libro "El triunfo de la dignidad".

Otro pagaré nada despreciable que Gómez ha devuelto a sus aliados gringos es su notable injerencia en las quejas laborales que vía el mecanismo de resolución rápida de controversias del TMEC han interpuesto los trabajadores mexicanos.

Hay 14 quejas presentadas por presunta violación de derechos laborales en México. Si bien doce ya fueron resueltas y una está en camino a ello, la décimo cuarta, promovida por el líder minero, va para largo, incluso es el único caso en el que se propuso un panel laboral para su resolución. Nos referimos al caso de la Mina San Martín, desde luego propiedad del Grupo México.

Respaldado por sus aliados de la AFL-CIO, el Sindicato Nacional de Trabajadores Mineros,

Metalúrgicos y Siderúrgicos y Similares de la República Mexicana presentó una solicitud para utilizar el mecanismo de respuesta rápida del TMEC para que se respetara el derecho a huelga.

Pero no se piense que es la única queja en la que está involucrado Gómez; de hecho, tiene que ver en otras cinco más, por lo menos. Vía el Sindicato Independiente de Trabajadoras y Trabajadores Libres y Democráticos de la Industria Automotriz (SINTTIA) y el Sindicato Nacional Independiente de Trabajadores de Industrias y Servicios Movimiento (SNITIS), Napito ha hecho lo que mejor sabe: azuzar a sindicatos y líderes, en este caso a la lideresa Susana Prieto, la misma que en 2020 fue encarcelada delitos en contra de servidores públicos, motín, amenazas y coacción de particulares, en Matamoros, Tamaulipas.

Ambos sindicatos están apoyados por la AFL-CIO y la IndustriaALL Union. Efectivamente aliada una y hechura la otra del líder minero.

Internacional o nacionalmente, lo importante para Gómez Urrutia siempre ha sido mostrar músculo y que sus contrarios, llámese gobierno, empresarios o colegas vean que cuenta con un multitudinario respaldo por si se les ocurre la mala idea de buscar justicia y que el líder minero pague por sus delitos.

Una vez fuera del Congreso del Trabajo y muy lejos de las simpatías de la Confederación de Trabajadores de México (CTM), Napito necesitaba contar con una central que lo arropara. Ni tardo ni perezoso, apenas unos meses después de su regreso a México, anunció la creación de la Confederación Sindical Internacional Democrática de México (CSID), que según declaró en su momento, aglutinaría a sindicatos desertores tanto de la CTM como de la Confederación Revolucionaria de Obreros y Campesinos (CROC).

Finalmente, el organismo creado por el ya entonces senador de la República recibió el nombre de Confederación Internacional de Trabajadores. La CIT, por supuesto, estaría encabezada por el Sindicato Nacional de Trabajadores Mineros, Metalúrgicos, Siderúrgicos y Similares de la República Mexicana y, claro está, Gómez sería el dirigente.

Finalmente, el 14 de febrero de 2019, día del amor y la amistad, acompañado de Martín Esparza, secretario general del Sindicato Mexicano de Electricistas y por Miguel Ángel Yúdico, líder de los trabajadores de tierra del sector aéreo, Napito hizo oficial la creación de la CIT.

Según las declaraciones de su flamante presidente, la confederación arrancaba con diez federaciones estatales y 150 sindicatos, y su propósito era defender los derechos fundamentales de los trabajadores, entre ellos el voto libre, secreto y directo.

Ante las voces mordaces que señalaron que esta organización había sido creada por órdenes del presidente Andrés Manuel López Obrador, Gómez Urrutia aclaró que la conformación de esta central no obedecía a ninguna instrucción, así como tampoco pretendía desplazar a confederaciones como la CTM o la UNT. Y aunque cueste creerle, probablemente esta vez Gómez Urrutia decía la verdad, porque más que intentar competir con las arcaicas centrales sindicales, Napito creó la CIT para mostrar poderío a nivel nacional e internacional.

Según comentó el líder minero, en solo cuatro años la Confederación Internacional del Trabajo cuenta con más de 200 organizaciones sindicales y 20 federaciones nacionales que representan a un millón de trabajadores. Sin embargo, según datos del Repositorio Laboral del Centro Federal de Conciliación y Registro Laboral la CIT está conformada por 90 sindicatos y 15 federaciones.

Eso del millón de afiliados es difícil si no imposible de comprobar, ya que el declarar el padrón de agremiados no es obligatorio por ley, por lo que Gómez y cualquier otro líder sindical pueden sacarse de la manga cualquier número de afiliados y con ello hacer lo que mejor saben: amedrentar al enemigo.

Como buen estratega, Napito jugó bien sus cartas. La creación de la CIT no fue una simple ocurrencia. Sabía bien que presidir una central sindical internacional aumentaría sus bonos con AMLO. De hecho, según afirma María Xelhuantzi López, investigadora de la UNAM, Napoleón Gómez Urrutia es el único dirigente sindical mexicano que tiene reconocimiento y apoyo internacional, lo cual en su momento parecía convenirle al actual gobierno por el tema de los tratados con otros países, especialmente el TMEC.

Lo que no se imaginaba López Obrador es que la CIT de internacional tendría lo mismo que Gómez Urrutia de minero: nada, y que, efectivamente, utilizaría sus contactos para influir en el mecanismo de respuesta rápida del tratado comercial con Estados Unidos, pero no precisamente para dejar bien parado al gobierno mexicano sino todo lo contrario.

Desde la etapa de negociaciones del TMEC había claros indicios del interés de las centrales obreras extranjeras en involucrarse en la pretendida supervisión laboral directa en las empresas del país, lo cual provocó que los empresarios mexicanos se inconformaran por esta posible injerencia que, de darse, vulneraría la soberanía nacional. Y esta intromisión sucedió, promovida por las organizaciones sindicales norteamericanas y por Gómez Urrutia, quien ha dado pruebas de que aquello de la soberanía nacional es un comodín que utiliza como mejor le convenga.

El otro asunto en el que Gómez ha mostrado que apoya la intromisión de otros países en cuestiones estratégicas para el país, es el caso de la minería. ¿Por qué si tenía tantos destinos para elegir donde vivir su autoexilio optó por establecerse en Canadá? Según cuenta el propio Napito había elegido originalmente Estados Unidos, se fue más al norte supuestamente porque en ese momento el presidente de Estados Unidos era George W Bush (padre), muy amigo del entonces presidente mexicano Vicente Fox, y más valía prevenir que lamentar.

Al elegir Canadá como refugio sabía lo que hacía. Desde hace tiempo el emperador Napoleón II tiene la mira puesta en la minería mexicana no como sindicalista sino como empresario. Para lograr este objetivo ha ido tejiendo su telaraña y Canadá es un país con industria minera sólida, que desde hace décadas ha buscado influir en América Latina, por lo que le venía como anillo al dedo al hijo de Gómez Sada y a sus ambiciones desmedidas.

En 2014 el gobierno de Canadá otorgó la ciudadanía a Napoleón II. Según declaraciones de su abogado, Marco Antonio del Toro, fue la condición regular migratoria de su cliente durante ocho años lo que permitió que se nacionalizara canadiense. Para los mal pensados el defensor de Napito aclaró que la emisión de la ficha roja de la Interpool -lo que hubiera permitido la extradición del líder minero- no tuvo nada que ver.

Leo Gerard, líder de los Steelworkers, aprovechó este momento para felicitar a Napito por recibir la ciudadanía canadiense. Según el líder sindical este honor era un reflejo de la confianza del gobierno de Canadá y el pueblo de aquel país en la integridad de Napoleón, y un reconocimiento a la gran contribución que él y su familia han hecho a la sociedad canadiense. Poco le faltó para agregar que también era una manera de agradecer a la familia Gómez Casso por los millones de dólares despilfarrados en aquellas tierras.

Si en aquella ocasión la noticia de que el hijo de Gómez Sada había adquirido la nacionalidad canadiense no generó tanta polémica, sí que lo hizo cuando fue nombrado senador plurinominal por la bancada morenista. Como nos refiere el Entrevistado 1, quiénes son nombrados para ocupar una senaduría en nuestro país deben demostrar que no tienen intereses y este hombre vaya que los tenía, no por la doble nacionalidad sino porque, literalmente, Napito sirve a dos amos, lo que ha demostrado al presionar para que se firmen los convenios internacionales lo más pronto posible, al tiempo que mete la cuchara de organismos y observadores internacionales en asuntos no solo laborales sino de Estado.

En pocas palabras, el senador Gómez Urrutia la ha hecho de espía, con lo cual ha vulnerado la soberanía nacional. Y claro, en este doble juego, Napito se da el lujo de exigirle al gobierno de Canadá que haga respetar los derechos humanos, laborales y ambientales por parte de las mineras canadienses establecidas en México.

Así lo hizo en la antesala de la visita a Ottawa que realizó López Obrador en octubre de 2018. En aquella ocasión Napito no perdió la oportunidad de recordar que el gobierno de Canadá había anunciado la creación de un ombudsman minero y que, sin embargo, a esa fecha, todavía no se daba tal nombramiento.

"El gobierno canadiense originalmente prometió que el responsable de esta actividad tendría el poder y los recursos necesarios para investigar de forma independiente, incluso el poder de ordenar la producción de información, documentos y testimonios de las empresas", destacó en un comunicado el senador por Morena.[15]

---

[15] https://vanguardia.com.mx/noticias/nacional/se-lanza-napoleon-

Efectivamente, la presencia de la minería canadiense en nuestro país ha estado acompañada de conflictos debido a la controversia social y ambiental que generan las empresas del país de la hoja de maple. Sin embargo, no es el medio ambiente ni el trato a los mineros mexicanos lo que le preocupa a Napoleón; no: su verdadera preocupación es que algunas mineras de aquel país estorben sus planes de convertirse en empresario y la competencia que suponen las empresas con las que no tiene alianza o relación alguna.

Más allá de sus alianzas o asociaciones con mineras canadienses, para destronar a las compañías mineras nacionales Napito no ha perdido oportunidad de darle jaque mate a la minería mexicana, o al menos a las empresas de los principales grupos mineros del país: Grupo México, Grupo Peñoles y Altos Hornos de México (AHMSA). En este afán ha hecho y deshecho de todo: huelgas eternas, paros ilegales, chantajes millonarios, extorsiones, quejas a través del mecanismo de respuesta rápida del TMEC, periodicazos, alianzas internacionales, etcétera.

Pero, en vista del poco éxito obtenido con acciones tan burdas el líder minero ha recurrido a tejer más fino, así que aprovechando su curul en el senado presentó una iniciativa de reforma al artículo 9 de la Ley Minera que a grandes rasgos proponía lo siguiente:

La presencia como invitados de hasta tres representantes de organizaciones del sector privado minero mexicano, un representante de los sindicatos del sector minero y un representante de organizaciones de la minería social, con voz, pero sin voto.

Con la propuesta del senador Gómez Urrutia la administración del Órgano de Gobierno del SGM quedaría integrado de la siguiente manera:

-El titular de la Secretaría de Economía, quien lo presidirá;

-Dos representantes de la Secretaría de Economía;

-Un representante de la Secretaría de Hacienda y Crédito Público;

-Un representante de la Secretaría de Desarrollo Social;

-Un representante de la Secretaría de Medio Ambiente y Recursos Naturales;

-Un representante de la Secretaría de Energía;

-Un representante del Fideicomiso de Fomento Minero.

-Un representante del sector privado minero mexicano;

-Un representante de los sindicatos del sector minero;

-Un representante de organizaciones de la minería social.

En su iniciativa de reforma, Napito sugirió que el director general designara al representante del sector privado minero mexicano con base en la designación que realice la Cámara Minera de México; al representante de los sindicatos del sector minero con base en el sindicato que tenga el mayor número de afiliados a nivel nacional; y al representante de las organizaciones de la minería social con base en la organización con mayor cobertura nacional.[16]

Para justificar la presencia de estos invitados, el líder minero recalcaba la importancia de comprender que el crecimiento y desarrollo económico del sector se relaciona con la atención oportuna de las demandas de las y los trabajadores, de la sociedad y de los empresarios; y que, por ello, incluir su conocimiento sobre las necesidades en el sector sería fundamental para obtener estudios y diagnósticos oportunos.

De igual forma, según explicó Napito en su iniciativa, otorgarles voz y voto a los representantes de los trabajadores del sector minero resultaba primordial,

---

[16] http://sil.gobernacion.gob.mx/Archivos/Documentos/2021/02/asun_4143695_20210225_1614269803.pdf

debido a que ellos son los usuarios finales de la información que otorga el Servicio Geológico Mexicano.

Afortunadamente, en la reforma a la ley minera publicada el 8 de mayo de 2023 en el *Diario Oficial de la Federación* no fue considerada esta propuesta de incluir a invitados especiales en la administración del Órgano de Gobierno del SGM.

De esta forma fue frenada la intentona de influir en la toma de decisiones sobre la gestión de los recursos minerales del país y con ello tener ventaja competitiva frente a sus contrapartes. Dicho de otro modo: no se le permitió al emperador Napoleón II llevar agua a su molino.

Dado que ninguno de los intentos por influir en las políticas públicas sobre la minería mexicana resultó, Napito dejó al descubierto su verdadero propósito: convertirse en dueño de una empresa minera. El pretexto, como siempre, fue lo de menos. En este caso, el informe que presentó la Secretaría del Medio Ambiente y Recursos Naturales (Semarnat) sobre el impacto ambiental generado por el derrame del sulfato de cobre en el Río Sonora, ocurrido en 2014, en el cual se confirmó la responsabilidad de Grupo México por el inadecuado diseño hidrológico del sistema de presas Tinajas.

Para no variar, haciendo leña del árbol caído, luego de darse a conocer este reporte, el sindicato de Napoleón Gómez Urrutia realizó un paro de protesta, solo como un primer paso hacia el objetivo final, que fue pedirle al gobierno federal que retire la concesión de la minera Buenavista del Cobre -directamente responsable del derrame- a Grupo México y que se la entregue al Sindicato.

La 'humilde' petición del gremio minero se basa en los resultados emitidos por el referido informe, que arrojan que las actividades realizadas para remediar el daño del Río Sonora no fueron suficientes, y que actualmente persiste la contaminación en biota y niveles de metales pesados por encima de la norma. Por ello, la sección 65 del sindicato de Napito pidió con la mano en la cintura que se revisara la concesión que tiene Grupo México y llegado el caso le fuera retirada debido a las irregularidades.

En entrevista con el seminario *Proceso*, Antonio Navarrete Aguirre, líder del movimiento Cananea, afirmó que los mineros saben manejar adecuadamente y sobre todo cuidar el medio ambiente y a los trabajadores. Según Navarrete esto traería fuertes ganancias de entrada de riqueza a nuestro país, porque los mineros son los únicos que ven cómo se llevan las miles y miles de toneladas cargadas de metales de Cananea".[17]

Más que para México, las ganancias serían para Napito, quien luego de darle varios dolores de cabeza a AMLO debido a sus quejas laborales vía el TMEC y a su fracaso como orquestador de esa gran central sindical, que sustituiría en número de afiliados a la

---

[17] https://www.proceso.com.mx/nacional/2023/10/23/la-mina-buenavista-del-cobre-en-la-mira-de-gomez-urrutia-317196.html

CTM, hizo suyo el discurso nacionalista de la 4T y le recordó al presidente que estaba ante la oportunidad histórica de recuperar los recursos naturales del país que los neoliberales entregan a los extranjeros.

Por si no fuera suficiente, para dejar en claro su ferviente deseo de ser empresario minero y de paso vengarse de otro de sus archienemigos, Alonso Ancira Elizondo, presidente de Altos Hornos de México (AHMSA), que, dicho sea de paso, no es ninguna blanca palomita. Pero eso es otra historia.

Ante la inminente quiebra de la empresa acerera por deudas al gobierno que sobrepasan los 700 millones de dólares, Gómez externó su preocupación ante el cierre de la fuente primaria de ingresos de la ciudad de Monclova y sus alrededores. Y sin decir agua va, el líder que ha hecho quebrar a más de una empresa y provocado la deuda de varias más con sus paros ilegales y huelgas eternas, hizo un llamado para el rescate de Altos Hornos de México.

La solución que propuso fue la creación de una cooperativa para recuperar AHMSA, y ahora sí recordó la importancia que tiene esta empresa para el desarrollo de la región. En una entrevista concedida a su periódico de cabecera, Gómez Urrutia señaló que en su calidad de propiedad de sus miembros las cooperativas promueven la equidad y la participación en la toma de decisiones económicas. Por eso pidió al gobierno de la 4T que le regale la empresa de Ancira o que se atenga a las consecuencias.

Las afectaciones que el senador Gómez Urrutia ha provocado en la minería son incalculables. Para tener una idea del año que Napo provoca tan solo con sus declaraciones, nos remitimos a una entrevista que le realizó la agencia Reuters en enero de 2019, cuando recién había tomado posesión como senador de la República. En aquella ocasión mencionó que en su tarea de legislador promovería una regulación más estricta para las nuevas concesiones en la industria, al igual que menos restricciones para cancelar permisos, así como una revisión de los impuestos que paga el sector y que buscaría hacer obligatorias las regulaciones laborales establecidas en el T-MEC. Solamente por estas advertencias los títulos de Industrias Peñoles cerraron ese mismo día con una caída del 2.96% por acción, mientras que los de Grupo México cedieron un 1.86% por título.

Capítulo 5

PERSONA NON GRATA

Durante los 12 años que estuvieron en Canadá Gómez Urrutia y su familia vivieron a lo grande, derrochando el dinero del trabajo de los mineros, pero su mira siempre estuvo en regresar a México, aunque no sabía cómo sin tener que enfrentar a la justicia mexicana.

Un hombre con el ego de Napito, a quien sus afiliados tienen que hacer valla cada vez que entra a las instalaciones de su sindicato y que presume de ser un líder sindical adelantado a su tiempo, con títulos universitarios, que domina varias lenguas y tiene relaciones internacionales, no iba a regresar a su país en calidad de delincuente. El emperador Napoleón II, que se siente de sangre azul (o al menos eso dice Carlos Pavón, su otrora brazo derecho) no estaba dispuesto a rendir cuentas a las autoridades mexicanas y mucho menos a pisar la cárcel.

Así que intentó voltear los papeles para aparecer a los ojos de la opinión pública como un pobre perseguido político de los gobiernos panistas, acusado injustamente, y cuyo único anhelo era regresar a su patria a seguir sirviendo a sus agremiados.

En estos intentos acudió a sus aliados internacionales, a sus costosísimos abogados y sobre todo a su abultada cartera para pagar lo que fuera a quien se dejara con tal de limpiar su imagen.

De hecho, después de su autoexilio en Canadá para evadir las órdenes de aprehensión emitidas en su contra, Gómez Urrutia no ha escatimado utilizar los recursos del Sindicato Minero para buscar 'buena prensa'. Según el portal *Etcétera*, tan solo entre 2020 y 2021 erogó poco más 3 millones de pesos para que el periódico *La Jornada* publicara solo notas positivas de su persona, y al menos otros 3 millones para la publicación y promoción de su libro "El triunfo de la dignidad" en 2021.[18] De esta última partida *La Jornada* se quedó con poco más de un millón 600 mil por su participación en la edición del texto. En suma, el sindicato pagó en total al diario 4 millones 832 mil 29 pesos.

---

[18] https://etcetera.com.mx/opinion/recursos-sindicato-napoleon-gomez-urrutia-paga-la-jornada/

Ese libro, publicado en 2021, no es el único que ha mandado escribir Napito para quedar como héroe nacional. De acuerdo con un reportaje publicado en el portal *Eje Central* en marzo de 2013[19], desde su exilio, a través de sus familiares, creó la empresa canadiense "International Labour Media Group" (ILMG) con el objetivo de publicar y distribuir su libro "El colapso de la dignidad", sobre el cual hemos hecho varias referencias. Para la publicación de su ópera prima Napito recibió vía la empresa ILMG más de 3.5 millones de pesos del Sindicato Minero.

Al final, Gómez Urrutia no ha logrado limpiar su imagen porque para ello necesita mucho más que gastar millones de pesos en publicidad pagada, editar libros y comprar aliados. Lo que sí consiguió es regresar a México por la puerta grande y evitar, de momento, a la justicia.

Ante la sorpresa o, mejor dicho, la indignación de la opinión pública, el 18 de febrero de 2018, un día antes del 12 aniversario de la tragedia de Pasta de Conchos, fue anunciada la postulación de Gómez Urrutia como senador de la República por Morena, partido que postuló a Andrés Manuel López Obrador a la presidencia de la República.

A los medios de comunicación AMLO dijo que la inclusión del líder minero como el número seis de los candidatos plurinominales al Senado fue motivada por la petición de los trabajadores que apoyaban a Napito

---

[19] https://www.ejecentral.com.mx/napoleon-gomez-urrutia-la-dolce-vita-con-cargo-a-los-mineros/

y por una recomendación de algunos sindicatos británicos, con mediación del líder laborista Jeremy Corbin. Vaya que eso de los aliados internacionales acabó por redituarle al emperador Napoleón II.

Así AMLO, que se vendió como paladín de la anticorrupción, anunciaba el regreso triunfal de uno de los líderes sindicales más corruptos del país. El entonces candidato presidencial negó conocer a Gómez Urrutia durante la 101 Asamblea de la American Chamber México. Difícil, si no imposible de creer, que el de Tabasco no conociera a Gómez Urrutia, en primer lugar por el pasado priista de ambos y en segundo porque ya en 2012 desde Vancouver el líder minero instruyó a sus agremiados para votar por "candidatos progresistas y no los de derecha o de centro". Por si hubiera duda sobre a cuál de los contendientes se refería, baste recordar que en esas elecciones AMLO fue el candidato del "Movimiento Progresista", coalición formada por el Partido de la Revolución Democrática (PRD), Movimiento Ciudadano (MC) y el Partido del Trabajo (PT). Además, como testigo de esta indicación estuvo el entonces coordinador de campaña del tabasqueño, Ricardo Monreal.

La cereza en el pastel que evidencia que AMLO conocía y requete conocía a Napo es que en 2012 lo propuso en la lista de candidatos a ocupar un cargo en el Congreso de la República. En aquel momento el PRD rechazó la propuesta, y además fue el candidato del PRI, Enrique Peña Nieto, quien ganó la contienda por la presidencia de la República.

Como en otras ocasiones, López Obrador tenía 'otros datos' sobre Napito, a quien consideró víctima de persecución política en un país donde las libertades y el derecho a disentir debían ser garantizados, y que el tabasqueño apoyara a Napito solamente por ser perseguido político es otro asunto que no se cree ni el más ingenuo de los mexicanos.

En 2012 Carlos Pavón presentó una queja en la Unidad de Fiscalización de los Recursos de los Partidos en contra del PRD, Movimiento Ciudadano y Partido del Trabajo, integrantes de la otrora coalición Movimiento Progresista, por hechos que pudieran constituir infracciones en materia de financiamiento y gasto de los partidos políticos.

El reclamo promovido por Pavón intentaba probar que Gómez Urrutia o bien el Sindicato Nacional de Trabajadores Mineros, Metalúrgicos, Siderúrgicos y Similares de la República Mexicana habían aportado, en efectivo, a través de títulos de crédito y/o en especie, al financiamiento de la campaña electoral de la mencionada coalición. Finalmente, la autoridad electoral resolvió que ni el PRD, ni el PT ni Movimiento Ciudadano recibieron recursos del Sindicato Minero.

A decir verdad, la impugnación de Pavón, líder disidente del Sindicato Minero, le tiraba a descubrir la ruta del dinero del fideicomiso, aquellos famosos 55 millones de dólares. Sin embargo, el otrora hombre de confianza de Napito, aún con todos los trapitos que le conocía a su exjefe, pronto se daría cuenta del tamaño del enemigo al que se enfrentaba y de quiénes, desde ese momento, ya lo solapaban. Si en 2012 se

103

sospechaba acerca de los recursos que Napito había aportado para la campaña de AMLO, en 2018 a pocos les quedó alguna duda.

En su libro "El rey del cash" Elena Gutiérrez refiere cómo hasta Vancouver le llegó a Napito la invitación por parte del entones candidato López Obrador a regresar a México para ocupar una senaduría por la vía plurinominal. A cambio, el líder minero aportaría votos y dinero para la campaña. "Total, los recursos robados a los trabajadores mineros seguían intactos, pues el líder sindical los triplicó en Canadá, donde vivió muy 'humildemente' ".[20]

Ante la indignación de los mineros desfalcados por Napito, AMLO hizo posible el sueño del regreso a la patria, limpio de todo pecado. Cual hijo pródigo, el líder autoexiliado retornó a tierras mexicanas y fue recibido con un gran banquete, obsequiado con el fuero y revestido con el traje de la impunidad.

Como el miedo no anda en burro, en su arribo al recinto de Reforma Napito tomó sus precauciones. Con eso de que el fuero lo tendría hasta constituirse el Senado y con ello la inmunidad procesal, aquel 28 agosto de 2018, día en que tomó posesión como senador, Gómez Urrutia se hizo acompañar de cinco mil agremiados y por sus aliados internacionales.

En su quinto informe de labores como senador de la República, hizo alarde de haber impulsado reformas

---

[20] Chávez, E. (2022). El Rey del Cash: El saqueo oculto del presidente y su equipo cercano. Ciudad de México: Penguin Random House Grupo

históricas que lograron cambiar estructuralmente el panorama del sindicalismo y del empleo por *secula seculorum*, pero en realidad Napito ha utilizado su curul en el Senado para echar culpas a diestra y siniestra y quedar como una blanca paloma.

Además de dedicarse al lavado de su nombre, Gómez Urrutia ha aplicado su tiempo para hacer todos los amarres posibles que le permitan perpetuarse en el cargo al frente del gremio minero.

Como ya dijimos, recién desempacado de Canadá reformó los estatutos para crear la figura de "presidente" del sindicato, que como tal tiene facultades de veto sobre cualquier decisión de cualquier otro órgano, sea el Comité Ejecutivo Nacional (CEN) o el Consejo General de Vigilancia y Justicia (CGVJ).

Además, el artículo 43 de los nuevos estatutos señala que: "El presidente podrá ser nombrado nuevamente hasta por tiempo indeterminado" y, para rematar, quien dice abogar por la democracia sindical estableció en el artículo 23 que la destitución del presidente única y exclusivamente puede darse por decisión unánime del CEN en conjunto con el CGVJ. Claro, como además de la presidencia Napito ocupa la secretaría general del CEN, no es difícil imaginar que estará en el cargo hasta que la muerte lo separe de este.

Como buen emperador ya tiene previsto quién de sus herederos lo sustituirá cuando muera, para garantizar que la dinastía, que lleva 62 años al frente del Sindicato Minero, continúe. Por supuesto, ninguno de sus hijos es minero, pero eso, aunque sea requisito indispensable para estar al frente del sindicato, es *peccata minuta* para Napito.

Si bien el futuro político de Gómez Urrutia es incierto hará hasta lo imposible por obtener de nueva cuenta la inmunidad procesal que concede el fuero... o bien podría regresar a Canadá, al fin y al cabo sigue siendo ciudadano de aquel país.

Este es Napoleón Gómez Urrutia, enemigo declarado de Germán Larrea, Alberto Baillères, Alonso Ancira, la familia Alcalde, Francisco Salazar, Javier Lozano, Vicente Fox, Felipe Calderón y Enrique Peña Nieto, así como de incontables líderes sindicales y funcionarios públicos; el líder que compra lealtades y vende a sus agremiados; el senador mexicano con nacionalidad canadiense; el hombre de las mil máscaras; el minero que nunca ha pisado una mina; el evasor de la justicia, el mago que desapareció 55 millones de dólares de sus agremiados; el hombre que muerde la mano de quien le da de comer; el traidor y megalómano; el capitán del barco que huyó en el hundimiento que significó la tragedia de Pasta de Conchos; el señor de las huelgas y los paros ilegales; el maestro de las extorsiones y los chantajes; el empresario frustrado; el sindicalista que no quería serlo, el oportunista y ambicioso; el heredero sindical; el jefe a control remoto, el intocable; el hijo pródigo de la cuarta transformación; el dictador disfrazado de demócrata, y el mejor ejemplo de un líder sindical corrupto.

Capítulo 6

EL SINDICALISMO INTERNACIONAL:

UNA MIRADA RETROSPECTIVA Y PROSPECTIVA HACIA EL FUTURO DEL TRABAJO.

El sindicalismo ha jugado un papel crucial en la historia del trabajo, desde sus inicios como movimientos de resistencia hasta su consolidación en la defensa de derechos laborales. A nivel global, los sindicatos han luchado por crear mejores condiciones laborales en un contexto de cambios económicos, tecnológicos y sociales profundos.

En las últimas décadas, el sindicalismo ha enfrentado transformaciones significativas debido a fenómenos como la globalización y el surgimiento de la economía digital. Exploramos, brevemente, la evolución histórica del sindicalismo y presentamos un análisis prospectivo sobre los desafíos y oportunidades que enfrenta en el futuro.

Análisis Retrospectivo del Sindicalismo Internacional

Los movimientos sindicales nacieron en el siglo XIX, durante la industrialización, como una respuesta a las condiciones laborales extremas que enfrentaban los trabajadores en fábricas y minas. Los primeros sindicatos lograron mejoras significativas, como la jornada laboral de ocho horas, salarios mínimos y condiciones de trabajo seguras. Con el tiempo, el sindicalismo se consolidó en estructuras internacionales como la Federación Sindical Mundial y la Confederación Sindical Internacional, permitiendo la cooperación global en la defensa de los derechos laborales.

El impacto de las guerras mundiales del siglo XX fue fundamental en la expansión de los sindicatos, especialmente en Europa y Estados Unidos, donde se consolidaron en instituciones clave para el progreso laboral. Durante la segunda mitad del siglo, los sindicatos tuvieron un auge en el que lograron importantes conquistas laborales. Sin embargo, para algunos, la llegada del neoliberalismo y la globalización en los años 80 y 90 pusieron en riesgo muchos de estos logros, desplazando la producción hacia países con bajos salarios y debilitando el poder sindical.

Frente a estos retos, surgieron movimientos de sindicalismo independiente que buscaban representar a sectores desatendidos, como el empleo informal y los trabajadores migrantes. Estos movimientos fueron pioneros en adaptarse a las nuevas realidades laborales y lograron construir redes de apoyo para aquellos trabajadores que no encontraban representación en los sindicatos tradicionales. Además, las organizaciones sindicales comenzaron a incorporar derechos humanos en sus agendas, abordando problemas como la explotación laboral, el trabajo infantil y la equidad de género.

La reconfiguración de las economías hacia el sector servicios y la aparición de la economía digital presentaron nuevos retos para el sindicalismo. Los sindicatos tradicionales, que tenían una base fuerte en sectores industriales, enfrentaron dificultades para adaptarse a las necesidades de los trabajadores de servicios y de plataformas digitales. Aun así, algunos sindicatos lograron reorganizarse para ofrecer representación a estos trabajadores, adaptando sus estrategias a las dinámicas modernas.

En las últimas dos décadas, los sindicatos también se beneficiaron de la regionalización, promoviendo leyes y protecciones laborales dentro de bloques económicos como la Unión Europea o el Mercosur. Este regionalismo permitió fortalecer los derechos laborales en acuerdos comerciales, asegurando estándares laborales mínimos para los trabajadores en países con políticas laborales más débiles. En América Latina, el sindicalismo ha tenido una historia notable en la resistencia a gobiernos autoritarios, consolidándose como un actor clave en la democratización de varios países de la región.

En la última década, los movimientos sindicales han experimentado un resurgimiento, especialmente en sectores como la educación y el transporte, donde las condiciones laborales han sido un tema de debate constante. Este renacer del sindicalismo refleja una renovación en su estrategia y una adaptabilidad ante las nuevas necesidades laborales, buscando no solo la defensa de los derechos laborales tradicionales, sino también abordar desigualdades estructurales y el respeto a los derechos humanos en el trabajo.

Análisis Prospectivo del Sindicalismo Internacional

Mirando hacia el futuro, el sindicalismo enfrenta importantes desafíos y oportunidades. Uno de los mayores cambios que se anticipan es la digitalización de las herramientas sindicales. En un mundo cada vez más interconectado, los sindicatos necesitarán adoptar tecnologías que faciliten la comunicación y organización en tiempo real, permitiéndoles mantener la conexión con una base de trabajadores más diversa y dispersa geográficamente.

La economía digital también traerá consigo la necesidad de defender los derechos de los trabajadores en plataformas digitales. Con la expansión de la gig economy (economía de trabajadores independientes y temporales que generalmente realizan tareas a través de plataformas en línea), los sindicatos deberán encontrar nuevas formas de organizar a los trabajadores independientes y asegurarles derechos laborales. Esto incluirá desde la negociación de salarios justos hasta el acceso a beneficios como la seguridad social y los seguros de salud.

En el futuro, el sindicalismo tendrá que enfocarse en ser más inclusivo, integrando a grupos tradicionalmente desatendidos como mujeres, migrantes y trabajadores informales. El crecimiento de los movimientos de sindicalismo independiente muestra que existe una demanda por representación en sectores que no encajan en las estructuras tradicionales y esta inclusión fortalecerá al sindicalismo en su conjunto.

Los sindicatos independientes tienen el potencial de expandirse y representar a trabajadores temporales, de servicios y de plataformas digitales, sectores que han sido ignorados por los sindicatos convencionales. Esta adaptación a las dinámicas laborales modernas permitirá que el sindicalismo siga siendo relevante en un mundo donde los empleos formales se han transformado y diversificado.

La colaboración entre sindicatos y Organismos No Gubernamenetales (ONGs) en la defensa de los derechos humanos también se perfila como una estrategia importante en el futuro. Al trabajar juntos, estas organizaciones podrán abordar temas como la justicia social, el cambio climático y la igualdad de género dentro del contexto laboral, lo que atraerá el apoyo de una generación más joven y comprometida socialmente.

La digitalización y la globalización también plantearán la necesidad de políticas públicas que protejan a los trabajadores en empleos emergentes. A medida que los sindicatos influyan en la legislación laboral, podrán asegurar que los derechos laborales se adapten a la realidad de trabajos remotos y temporales, protegiendo a quienes laboran en la economía digital.

Las redes sociales serán una herramienta crucial para el sindicalismo del futuro, permitiendo a los sindicatos amplificar sus mensajes y movilizar apoyo de manera global. La capacidad de conectarse con una audiencia internacional fortalecerá las campañas sindicales y les permitirá crear solidaridad entre trabajadores de diferentes países.

La regionalización continuará siendo una herramienta poderosa para el sindicalismo, especialmente en bloques económicos donde se pueden negociar protecciones laborales comunes. A medida que el sindicalismo regional se expanda, se asegurará que los trabajadores no se enfrenten a abusos laborales debido a diferencias en las leyes de cada país miembro.

Ante la creciente automatización y el avance de la inteligencia artificial, los sindicatos deberán negociar condiciones laborales que reflejen estos cambios tecnológicos. La reducción de la jornada laboral y la implementación de medidas de protección para trabajadores en entornos automatizados serán temas de negociación clave en el sindicalismo del futuro.

La educación y la formación sindical serán esenciales para que el sindicalismo prospere, permitiendo que los nuevos líderes sindicales comprendan los derechos laborales en un contexto de alta especialización. Esta formación asegurará la efectividad del sindicalismo en un mundo laboral cada vez más complejo.

Finalmente, el sindicalismo verde, que defiende la sostenibilidad, ganará importancia en un contexto de cambio climático. Los sindicatos podrán jugar un papel importante en la creación de empleos verdes y en la transición hacia economías sostenibles, defendiendo el derecho a empleos seguros en sectores ambientalmente responsables.

En conclusión, el sindicalismo internacional enfrenta un futuro de grandes retos y transformaciones. Sin embargo, su capacidad para adaptarse a las nuevas realidades laborales le permitirá seguir siendo una fuerza relevante y necesaria en la defensa de los derechos laborales y humanos de los trabajadores alrededor del mundo.

EL SINDICALISMO MINERO INTERNACIONAL: PASADO, PRESENTE Y FUTURO DEL TRABAJO EN LA INDUSTRIA.

El sindicalismo, en especial el sindicalismo minero, ha sido una fuerza fundamental en la lucha por los derechos laborales a nivel global. Desde sus inicios, los sindicatos han combatido condiciones de trabajo inhumanas en una industria que, a pesar de su importancia económica, presenta altos niveles de riesgo y explotación. Hacemos un breve análisis retrospectivo y prospectivo sobre el sindicalismo minero en el contexto internacional, destacando el papel de los sindicatos independientes y su impacto en la transformación de las condiciones laborales, así como en la justicia social y la sostenibilidad ambiental.

Evolución del Sindicalismo Minero: Un Análisis Retrospectivo

113

El sindicalismo minero surgió como una respuesta a las duras condiciones laborales en el sector de la minería. Desde el siglo XIX, los trabajadores mineros enfrentaban jornadas agotadoras, exposición a sustancias peligrosas y un riesgo constante de accidentes. Los sindicatos mineros fueron pioneros en la defensa de derechos como la reducción de la jornada laboral y la implementación de medidas de seguridad, lo que dio paso a movimientos organizados a nivel internacional para proteger a los trabajadores en múltiples países. En Estados Unidos y el Reino Unido, los sindicatos lograron cambios significativos mediante huelgas y movilizaciones, construyendo el camino para otros sectores.

A principios del siglo XX, los sindicatos mineros comenzaron a colaborar a nivel internacional mediante federaciones como la Federación Internacional de Mineros. Este movimiento global permitió una defensa más sólida de los derechos laborales y sentó las bases para estándares de seguridad en países en desarrollo. Durante los años 60 y 70, en particular, algunos especialistas consideran desde su punto de vista que los sindicatos mineros destacaron por su resistencia contra políticas neoliberales y su defensa de la seguridad social en un contexto de cambio económico mundial.

En América Latina, el sindicalismo minero adquirió un carácter distintivo al actuar como una voz de oposición ante gobiernos autoritarios y políticas extractivas que beneficiaban principalmente a élites económicas. En países como México, Chile y Perú, los sindicatos mineros independientes mantuvieron su autonomía del gobierno y de empresas, representando los intereses genuinos de los trabajadores mineros. Esta independencia fue clave para enfrentar la represión política y económica en regiones donde los recursos minerales eran estratégicos para la economía nacional.

Sin embargo, con el auge de la globalización en las décadas de los 80 y 90, el sindicalismo minero se enfrentó a nuevos desafíos. Las empresas transnacionales comenzaron a trasladarse a países con regulaciones laborales más flexibles, debilitando a los sindicatos tradicionales. Ante esta situación, surgieron sindicatos mineros independientes que buscaban representar a los trabajadores de sectores informales y de economías emergentes, adaptándose a las condiciones de una economía globalizada. Estos sindicatos no solo defendían los derechos laborales, sino que también abordaban temas de justicia social, protección ambiental y derechos indígenas.

El sindicalismo minero evolucionó para incluir la defensa de los derechos humanos y ambientales en su agenda, una tendencia que ha ganado relevancia en las últimas décadas. Los sindicatos independientes, en particular, han sido pioneros en integrar a comunidades locales e indígenas en sus demandas, ampliando su ámbito de acción para enfrentar los desafíos de la minería moderna. Esta transformación ha permitido a los sindicatos mineros mantenerse relevantes y continuar la lucha por mejores condiciones laborales en un contexto de constante cambio.

El Futuro del Sindicalismo Minero: Un Análisis Prospectivo

En el contexto actual, el sindicalismo minero independiente se encuentra ante una serie de oportunidades y retos que definirán su papel en el futuro. La digitalización de las herramientas de organización sindical será una de las estrategias clave para enfrentar estos desafíos. A medida que los sindicatos adopten tecnologías avanzadas, podrán coordinar sus actividades de manera más eficiente, organizando a los trabajadores en diferentes países y visibilizando las condiciones laborales en regiones remotas.

La transición hacia energías verdes y la creciente demanda de minerales como el litio y el cobalto presentan un panorama complejo para los sindicatos mineros. Estos recursos, fundamentales para la tecnología de baterías, implican una mayor explotación de trabajadores en minas alrededor del mundo. Los sindicatos mineros deberán desempeñar un papel crucial en asegurar que el crecimiento de esta industria no perjudique los derechos laborales ni el bienestar de las comunidades locales, impulsando estándares de minería ética y prácticas responsables.

En el futuro, el sindicalismo minero necesitará ampliar su inclusividad, representando a trabajadores temporales, informales y migrantes. Los sindicatos mineros independientes ya han comenzado a adoptar estrategias para incluir a estos sectores, que son particularmente vulnerables a la explotación. La representación de trabajadores en situaciones precarias fortalecerá el movimiento sindical y contribuirá a la justicia social, al mismo tiempo que asegura condiciones laborales dignas para un grupo más amplio de trabajadores.

Además, como hemos planteado, la colaboración entre sindicatos y Organismos No Gubernamentales (ONGs) será fundamental en la defensa de derechos humanos y ambientales. Este tipo de alianzas permitirá abordar problemas complejos que afectan a las comunidades cercanas a las minas y brindar mayor visibilidad a temas de justicia social en la minería. Con el apoyo de organizaciones no gubernamentales, los sindicatos podrán impulsar políticas que protejan tanto a los trabajadores como al entorno natural de los sitios mineros.

Ante la automatización de la industria, los sindicatos mineros tendrán que adaptarse a los avances tecnológicos, negociando condiciones laborales justas en un contexto de minería automatizada. Esta adaptación incluye la reducción de la jornada laboral y la implementación de medidas de seguridad en trabajos altamente automatizados, lo cual será clave para asegurar la estabilidad y seguridad de los trabajadores en el futuro.

Finalmente, el uso de redes sociales y plataformas digitales para la movilización será un recurso valioso en el sindicalismo minero del futuro. Los sindicatos independientes podrán utilizar estas herramientas para generar solidaridad global y visibilizar injusticias, conectando a trabajadores de diferentes regiones y construyendo una red de apoyo internacional. Este enfoque global ayudará a fortalecer las demandas sindicales y permitirá que los trabajadores mineros se organicen con mayor eficacia en una economía globalizada.

Conclusión

El sindicalismo minero independiente se enfrenta a un futuro lleno de desafíos y oportunidades. A lo largo de su historia, los sindicatos han evolucionado desde la defensa de derechos básicos hasta convertirse en movimientos que luchan por la justicia social y la sostenibilidad ambiental en una industria compleja.

La capacidad de adaptación del sindicalismo minero será crucial para su relevancia continua, en un mundo donde la tecnología, la globalización y las demandas ambientales siguen transformando la forma de trabajar.

Al mantenerse firmes en su lucha por los derechos laborales y expandir su influencia hacia temas de justicia y sostenibilidad, los sindicatos mineros independientes tienen el potencial de seguir siendo una fuerza de cambio positivo para los trabajadores en todo el mundo.

EL SINDICALISMO INDEPENDIENTE EN AMÉRICA: HISTÓRIA Y PESPECTIVAS

El sindicalismo ha sido fundamental en la historia laboral del continente americano, en donde cada país ha desarrollado estructuras sindicales según sus contextos sociales, económicos y políticos. A través del tiempo, los sindicatos independientes han surgido como una fuerza importante, especialmente en sectores estratégicos como la minería, la manufactura y los servicios. Brevemente se explorarán tanto los logros históricos como las perspectivas futuras del sindicalismo independiente en América, abordando el papel de estos movimientos en Canadá, Estados Unidos, México, América Central y América del Sur.

Retrospectiva del Sindicalismo en América del Norte

En Canadá y Estados Unidos, el sindicalismo ha evolucionado en un contexto de industrialización temprana. En Canadá, los sindicatos surgieron en el siglo XIX para defender los derechos de los trabajadores en industrias como la minería y la construcción. La Canadian Labour Congress (CLC) se consolidó como el principal organismo sindical, pero en las últimas décadas surgieron sindicatos independientes para atender las necesidades de sectores desatendidos, incluyendo a trabajadores inmigrantes y temporales, que no siempre encuentran representación en las estructuras sindicales tradicionales.

En Estados Unidos, el sindicalismo tuvo un impacto notable en la primera mitad del siglo XX, liderando luchas históricas como la obtención de la jornada laboral de ocho horas y el establecimiento de derechos básicos en el lugar de trabajo. Sin embargo, algunos consideran que el auge de políticas neoliberales a finales del siglo XX debilitó al movimiento sindical. Frente a esta situación, surgieron sindicatos independientes, especialmente en sectores de baja remuneración como la agricultura y el servicio doméstico, donde los trabajadores, a menudo inmigrantes, enfrentan condiciones difíciles y poco reguladas.

América Central: Sindicatos Independientes en Condiciones de Precariedad

En los países de América Central, el sindicalismo enfrenta condiciones de alta precariedad debido a la inestabilidad política y la influencia de empresas transnacionales en la región. En países como Guatemala, El Salvador y Honduras, los sindicatos independientes han luchado por mejorar las condiciones laborales en industrias de manufactura y en el sector agrícola, donde los trabajadores, a menudo campesinos, enfrentan bajos salarios y falta de acceso a derechos básicos. La intervención de sindicatos internacionales ha sido crucial para brindar apoyo a los movimientos locales, ayudando a visibilizar sus demandas en la comunidad internacional.

Un aspecto característico del sindicalismo en América Central es su interrelación con los derechos humanos y la justicia social. En varios países, los sindicatos también defienden derechos de comunidades indígenas y campesinas, que enfrentan desafíos no solo laborales, sino también ambientales y de seguridad. La cooperación entre sindicatos y Organismos No Gubernamentales (ONGs) ha sido un factor determinante para impulsar la protección de los trabajadores en un contexto marcado por la violencia y la represión.

Sindicalismo en América del Sur: Historia de Resistencia y Luchas Actuales

Algunos expertos consideran que el sindicalismo en América del Sur tiene una historia marcada por la resistencia a gobiernos autoritarios y por la lucha contra políticas neoliberales que han impactado negativamente en las condiciones laborales. En países como Chile, Argentina y Brasil, los sindicatos desempeñaron un papel clave en la oposición a dictaduras y en la defensa de los derechos de los trabajadores en tiempos de represión.

Durante las últimas décadas, el sindicalismo independiente ha crecido, abogando por derechos en sectores clave como la minería en Chile y la agricultura en Brasil, además de ampliar su lucha hacia temas de derechos humanos y justicia social.

En países mineros como Chile y Perú, el sindicalismo minero independiente ha tenido una influencia significativa en la mejora de condiciones de seguridad y salarios justos. La Confederación Nacional de Trabajadores del Cobre en Chile y la Federación Nacional de Trabajadores Mineros del Perú han sido fundamentales en la defensa de los derechos laborales en una industria históricamente riesgosa y poco regulada. Estos sindicatos han impulsado mejoras laborales al mismo tiempo que defienden los derechos de comunidades afectadas por la actividad minera.

Perspectivas del Sindicalismo en América del Norte

En el futuro, se espera que el sindicalismo en Canadá y Estados Unidos se fortalezca en sectores emergentes como la economía digital y los servicios. En Canadá, los sindicatos independientes tienen el desafío de representar a trabajadores migrantes y temporales en un contexto de alta movilidad laboral, mientras que en Estados Unidos, la organización de trabajadores en la economía digital, incluyendo plataformas como Uber y Amazon, será un factor clave para revitalizar el sindicalismo. Los sindicatos también tendrán que adaptar sus estrategias para enfrentar los retos de la automatización y la inteligencia artificial en una economía en rápida transformación.

Los movimientos de sindicalismo independiente en estos países también apuntan a una mayor colaboración con Organismos No Gubernamentales (ONGs) y activistas de derechos humanos, ampliando su enfoque hacia la justicia social y ambiental. Este tipo de alianzas permitirá que el sindicalismo en Norteamérica no solo defienda derechos laborales, sino que también aborde problemas sociales y ambientales de gran relevancia.

Retos y Oportunidades en América Central

El sindicalismo independiente en América Central enfrenta desafíos únicos debido a la violencia, la represión y la influencia de empresas transnacionales.

A pesar de esto, los sindicatos han logrado consolidarse como defensores de derechos en sectores como la agricultura y la manufactura. En el futuro, el apoyo de organizaciones internacionales y la creación de redes de solidaridad serán cruciales para que los sindicatos centroamericanos puedan enfrentar la presión de las empresas y los gobiernos.

La cooperación entre sindicatos y Organismos No Gubernamenetales (ONGs) en América Central continuará siendo clave, especialmente en temas de derechos humanos y medioambientales. Estos sindicatos podrán utilizar el apoyo internacional para garantizar una mayor protección de los derechos laborales y enfrentar el impacto negativo de la explotación de recursos en comunidades vulnerables.

Futuro del Sindicalismo en América del Sur

En América del Sur, el sindicalismo independiente tendrá un papel cada vez más importante en la defensa de derechos laborales en industrias clave como la minería y la agricultura. Los sindicatos deberán enfrentar los desafíos de la automatización y las nuevas tecnologías, asegurando que las políticas laborales protejan a los trabajadores en un contexto de cambio tecnológico acelerado. En países como Chile y Perú, el sindicalismo minero seguirá abogando por condiciones laborales dignas y por la defensa de los derechos de comunidades afectadas por la actividad minera.

Asimismo, el sindicalismo en América del Sur continuará colaborando con movimientos de justicia social y derechos humanos. A medida que los sindicatos amplíen su enfoque hacia temas ambientales y de justicia social, podrán desarrollar un papel más amplio y efectivo en la defensa de los derechos de los trabajadores y las comunidades en la región.

Conclusión

El sindicalismo independiente en América se enfrenta a un panorama de desafíos y oportunidades en un contexto de globalización, digitalización y cambio climático. Los sindicatos en América del Norte, México, América Central y América del Sur tendrán que adaptarse a las nuevas realidades laborales, representando a trabajadores en sectores emergentes y colaborando con movimientos de justicia social y derechos humanos. Con su capacidad de adaptación y su compromiso con la defensa de los derechos laborales, los sindicatos independientes en América están en una posición ideal para seguir siendo una fuerza de cambio positivo y una garantía de justicia y dignidad para los trabajadores en el continente.

Epílogo

LA ENCRUJIJADA DEL SINDICALISMO MINERO EN MÉXICO.

El sindicalismo minero en México enfrenta un momento crucial. Después de décadas de desafíos y transformaciones, la organización sindical de los trabajadores mineros se encuentra en una encrucijada que determinará su papel en el futuro laboral y social del país. El liderazgo de Napoleón Gómez Urrutia, mejor conocido como "Napito", ha marcado un periodo de grandes controversias y divisiones dentro del Sindicato Nacional de Trabajadores Mineros, Metalúrgicos y Similares de la República Mexicana. Aunque Gómez Urrutia se ha posicionado como un defensor de los derechos mineros a nivel internacional, muchos en México ven con escepticismo su liderazgo, cuestionando si su verdadero propósito es defender a los mineros o simplemente aprovecharse de su posición para su beneficio personal.

La narrativa en torno a "Napito" es una de dualidad y contradicción. Por un lado, el discurso que él mismo promueve en el ámbito internacional lo describe como un líder que ha luchado incansablemente por mejorar las condiciones laborales de los mineros en México. En foros y conferencias, se presenta como una figura clave en la defensa de los derechos laborales, destacando sus logros y su compromiso con la seguridad en las minas. Sin embargo, el libro El Imperio de Napito plantea una visión distinta y más sombría: Gómez Urrutia aprovecha su posición de poder para obtener beneficios económicos y consolidar su influencia, muchas veces a costa de los mismos trabajadores a quienes dice representar.

El futuro del sindicalismo minero en México no puede depender indefinidamente de una sola figura, especialmente una tan controvertida como "Napito". La estructura y la organización del sindicato deben fortalecerse y democratizarse, permitiendo que nuevas voces lideren y aporten una visión renovada. La permanencia de Gómez Urrutia en la dirección del sindicato es un obstáculo para el avance del movimiento minero, que necesita adaptarse a las realidades cambiantes del mercado laboral global y al auge de la economía digital.

Para los mineros mexicanos, el sindicalismo independiente ha sido, históricamente, una herramienta de defensa y representación contra la explotación laboral. En un sector marcado por condiciones peligrosas y trabajos extenuantes, los sindicatos juegan un papel fundamental en la protección de los derechos de los trabajadores y en la mejora de sus condiciones de vida. Sin embargo, la centralización del poder en un solo líder como Gómez Urrutia limita el potencial de estos sindicatos para avanzar y adaptarse a las necesidades reales de los mineros.

A nivel global, el sindicalismo se enfrenta a desafíos importantes, desde la automatización y el cambio climático hasta las nuevas formas de trabajo en la economía digital. En este contexto, el sindicalismo minero mexicano debe evolucionar, adoptando nuevas estrategias y fortaleciendo sus bases democráticas. Los trabajadores necesitan un sindicato que realmente represente sus intereses, que promueva políticas inclusivas y que trabaje de manera genuina en la mejora de sus condiciones laborales.

La salida de Napoleón Gómez Urrutia podría abrir las puertas para una transformación profunda en el Sindicato de los Mineros, permitiendo que surjan nuevos líderes comprometidos con la transparencia y la justicia social. Para los trabajadores mineros, la posibilidad de un cambio de liderazgo no solo es viable, sino necesaria. Un sindicato liderado por una nueva generación de dirigentes, con una visión más cercana a los intereses de los trabajadores y sin conflictos de intereses, podría ser la clave para lograr un futuro más justo y equitativo para los mineros mexicanos.

Si bien Gómez Urrutia ha sido un personaje visible en la escena sindical mexicana, su enfoque y estilo de liderazgo no representan la única forma de llevar adelante la lucha sindical. Existen en México y en otras partes del mundo ejemplos de sindicatos que han logrado avances significativos para sus trabajadores mediante la colaboración, la transparencia y el compromiso con las causas laborales. Un cambio de liderazgo en el Sindicato de los Mineros podría abrir el camino para que este tipo de estrategias y valores se implementen en México.

El contexto internacional también ofrece oportunidades para los sindicatos mineros en México. La transición hacia energías renovables y la creciente demanda de minerales como el litio presentan una oportunidad única para fortalecer el sindicalismo minero. Sin embargo, esta oportunidad solo podrá aprovecharse si el sindicato adopta una visión renovada y estratégica, centrada en los derechos de los trabajadores y en la sostenibilidad ambiental.

Además, la salida de "Napito" podría facilitar una mayor colaboración entre el sindicato y organizaciones no gubernamentales dedicadas a los derechos humanos y la justicia social. En la medida en que el sindicato se abra a nuevas alianzas y adopte una postura más transparente, podrá ganar legitimidad y apoyo, tanto a nivel nacional como internacional. Esto es crucial en un contexto donde el apoyo de la comunidad y la presión de la sociedad civil juegan un papel importante en la defensa de los derechos laborales.

El futuro del sindicalismo minero en México depende también de su capacidad para adaptarse a los cambios tecnológicos. La automatización de procesos y el uso de tecnología avanzada en la minería están transformando las dinámicas laborales y demandan un enfoque diferente en la negociación de derechos. El sindicato debe estar preparado para enfrentar estos retos, representando los intereses de los trabajadores en una industria que se vuelve cada vez más compleja.

Un sindicato minero renovado podría liderar iniciativas de capacitación y formación para los trabajadores, asegurando que estén preparados para los desafíos de un mercado laboral en constante cambio. La democratización del sindicato y la adopción de una visión más Inclusiva y participativa permitiría a los mineros no solo adaptarse a los cambios, sino también aprovechar las oportunidades que estos presentan.

En conclusión, el futuro del sindicalismo minero en México depende de la capacidad del sindicato para reinventarse, abandonar viejas prácticas y adoptar una visión que priorice los intereses de los trabajadores. El liderazgo de Napoleón Gómez Urrutia, aunque polémico y relevante en su momento, representa una estructura de poder que limita el crecimiento y la adaptabilidad del sindicato. La salida de "Napito" abriría la posibilidad de un sindicalismo minero más dinámico, transparente y comprometido con los verdaderos intereses de los trabajadores mexicanos.

Para los mineros, el cambio es más que deseable; es esencial.

BIBLIOGRAFÍA Y NOTAS

Actualmente, la organización sindical que dirigió Napoleón I tiene por nombre Sindicato Nacional de Trabajadores Mineros, Metalúrgicos y Similares de la República Mexicana. Según lo explicó el propio Gómez Sada en su V informe de labores, este cambio en la denominación se debió a que el gremio estaba constituido por obreros de diversas profesiones, oficios y especialidades.

[2] https://www.jornada.com.mx/2001/07/15/038n1soc.html

[3] Giménez Cacho Luis Emilio. Cinco huelgas mineras.1 de octubre de 2006. https://www.nexos.com.mx/?p=12038. (Julio de 2023).

[4] Revista PROCESO, Pasta de Conchos, el convenio que provocó http://www.proceso.com.mx/434605/pasta-conchos-convenio-provoco-65-muerte

[5] https://www.24-horas.mx/2022/08/08/pasta-de-conchos-y-la-responsabilidad-de-napito/

[6] https://mx.boell.org/sites/default/files/el_carbon_rojo_web.pdf

[7] *Nexos*, agosto de 2006, Luis Giménez Cacho.

[8] Sarmiento Sergio. (2008, 30 de mayo). La nota de Napito. https://www.elnorte.com/aplicacioneslibre/preacceso/articulo/default.aspx?__rval=1&urlredirect=https://www.elnorte.com/editoriales/nacional

/431/860138/default.shtm?referer=--
7d616165662f3a3a6262623b727a7a7279703b767a783a.

[9] Se dice que existe una laguna en la ley, cuando no existe una disposición legal expresamente aplicable, cuando se trata de resolver un litigio jurídico con arreglo a un determinado derecho positivo. Cuando se dice que en la ley existen lagunas, es decir que estamos frente a una situación no prevista por el legislador, pero que puede ser resuelta conforme a los principios generales del Derecho.

[10] Ibidem p.

[11] https://www.24-horas.mx/2023/10/30/otro-embate-de-napito-a-los-mineros/

[12] https://www.industriall-union.org/es/dirigente-sindical-de-mexico-napoleon-gomez-urrutia-investido-como-senador

[13] https://www.elfinanciero.com.mx/opinion/raymundo-riva-palacio/2023/02/07/soberania-selectiva/

[14] http://www.sindicatominero.org.mx/pdf/Premio_07_dic_2011.pdf

[15] https://vanguardia.com.mx/noticias/nacional/se-lanza-napoleon-gomez-urrutia-contra-mineras-canadienses-NOVG3420195

[16]
http://sil.gobernacion.gob.mx/Archivos/Documentos/2021/02/asun_4143695_20210225_1614269803.pdf

[17] https://www.proceso.com.mx/nacional/2023/10/23/la-mina-buenavista-del-cobre-en-la-mira-de-gomez-urrutia-317196.html

[18] https://etcetera.com.mx/opinion/recursos-sindicato-napoleon-gomez-urrutia-paga-la-jornada/

[19] https://www.ejecentral.com.mx/napoleon-gomez-urrutia-la-dolce-vita-con-cargo-a-los-mineros/

[20] Chávez, E. (2022). El Rey del Cash: El saqueo oculto del presidente y su equipo cercano. Ciudad de México: Penguin Random House Grupo

SEMBLANZA

Luis Martínez Alcántara nació en Cuernavaca, Morelos el 19 de agosto de 1961. Es periodista, escritor y consultor especializado en comunicación persuasiva y disruptiva, con una destacada trayectoria de más de 38 años en el periodismo. Es Licenciado en Periodismo por la Escuela de Periodismo Carlos Septién García, donde obtuvo mención honorífica.

Ha dedicado su vida a analizar y comunicar temas clave para el desarrollo político y social de México. Su experiencia abarca desde la cobertura de eventos internacionales, como las giras de Su Santidad Juan Pablo II y la canonización de 27 santos mexicanos en El Vaticano, hasta la dirección de estrategias de comunicación para líderes políticos y empresariales.

Es corresponsal del programa Poder Institucional de RADIOPODER 104.9 FM de Argentina y llega a Bolivia, Perú, Colombia, Brasil, EU y México. Ha entrevistado a expertos de España, República Dominicana, Ecuador, Colombia y EU. A través de Linkedin leen sus trabajos periodísticos en 24 idiomas.

A lo largo de su carrera ha ocupado posiciones estratégicas en diversas instituciones. Fue asesor de comunicación para la Secretaría del Trabajo y Previsión Social, donde ayudó a fortalecer el liderazgo de los titulares de la dependencia. Como Director de Relaciones Interinstitucionales del Gobierno de Morelos, lideró el Programa Mexicano de Hermanamientos y Cooperación Internacional, logrando proyectos exitosos de intercambio cultural y económico entre municipios de México y otros países. Además, ha fungido como asesor en la Cámara de Diputados y ha dirigido esfuerzos de comunicación para gobiernos locales y partidos políticos.

En su faceta como escritor ha publicado libros que reflejan su pasión por la política y la espiritualidad. Entre ellos se encuentran Santos de Carne y Hueso, donde narra su experiencia cubriendo la canonización de los santos mexicanos, y 13 Retos para que las Políticas Públicas Eleven la Calidad de Vida, una obra utilizada incluso por el Senado para su enfoque en el desarrollo humano. Su compromiso con la mejora de las políticas públicas y su análisis profundo de los contextos sociales y políticos han hecho de sus textos una referencia en su campo. Como estudioso del sistema político mexicano escribió el libro Salinas Juega Sólo en la Sucesión Presidencial y fue columnista político en el periódico SUMMA.

Como consultor, ha impartido cursos y webinars sobre temas actuales como el Nuevo Orden Mundial, la Era Digital y Estrategias de Comunicación Efectiva. Estas iniciativas han reforzado su posicionamiento como experto en redes sociales y comunicación política, ayudando a líderes de diversos sectores a alcanzar sus metas. Su enfoque innovador y práctico lo ha convertido en un referente en la formación de profesionales en manejo de crisis y comunicación estratégica.

Luis Martínez Alcántara es un profesional que combina experiencia, análisis crítico y un profundo compromiso con la transformación social. Su trabajo ha dejado una huella significativa en el ámbito político y comunicativo, destacándose como una voz confiable en tiempos de cambio. A través de sus escritos, busca inspirar a sus lectores a reflexionar y actuar para construir un futuro más humano y equitativo.

Made in the USA
Las Vegas, NV
06 January 2025

15889958R00075